L.

HISTOIRE,

ANTIQUITÉS,

ET DESCRIPTION

DE LA VILLE ET DU PORT

DU HAVRE DE GRACE,

Avec un Traité de son Commerce,
& une notice des lieux circonvoisins
de cette Place.
Par M. *l'Abbé* PLEUVRI.

Seconde édition, revuë, corrigée & augmentée.

A PARIS,

Chez DUFOUR, Libraire, rue de la Vieille
Draperie, près le Palais,
au Bon Pasteur.

___

M. DCC. LXIX.
Avec Approbation & Privilége du Roi.

A MONSEIGNEUR

L'ILLUSTRISSIME ET REVERENDISSIME

DOMINIQUE

DE LA ROCHEFOUCAULD,

Archevêque de Rouen, Primat de Normandie, Abbé & Supérieur Général de l'Ordre de Cluny.

ONSEIGNEUR,

S'il est satisfaisant de faire paroître un Livre avec l'appui d'un nom illustre, il est encore plus beau de le publier

ſous les auſpices de la vertu. Mais la ſociété de celle-ci avec la grandeur, n'eſt pas toujours auſſi commune qu'elle eſt déſirable, & l'humilité qui la maintient dans ceux qui la cultivent, en dérobe ſouvent le diſcernement au Public. J'ai le bonheur de trouver au-jourd'hui, MONSEIGNEUR, dans votre perſonne, le double avantage que j'expoſe. Vous portez un de ces noms que connoiſſent tous les François, & que l'on aime à prononcer, parce qu'ils rappellent en même-tems le ſou-venir des grandes familles & des grands hommes. Mais, ce qui eſt bien plus important, vous poſſédez des vertus qui ſont eſſentiellement la véritable Nobleſſe, & ſans leſquelles tous les titres dont on ſe pare, ne ſont que l'ombre de la grandeur. Regularité parfaite, vigilance, libera-lité, aſpect aimable, douceur dans la conduite & dans les manieres ; voilà les qualités qui vous rendent précieux à ce grand Diocèse également célebre par la science & par la piété de ses Ministres. Avant qu'il eût le bonheur de vous posséder, il vous connoissoit par des traits d'humanité & de charité chrétienne digne des tems apostoliques : il vous désiroit même, parce qu'il étoit sûr d'avoir un pere dans un Pasteur. Il vous a obtenu, & il a la satisfaction de voir que vous soutenez la réputation de vos vertus, non-seulement parce que votre rang vous en impose l'obligation, mais encore parce que c'est votre cœur qui vous les suggere. Que pouvois-je donc faire de plus conforme à mon état, & au vœu de la Ville du Havre qui vous a vû & vous a admiré, que de mettre aujourd'hui son Histoire sous la protection de on Pasteur ? J'y trouve l'avantage de

a iij.

répondre aux défirs de mes Concitoyens, & celui de contenter mon inclination particuliere, en vous répétant que je fuis avec le plus profond refpeɕ,

MONSEIGNEUR,

De votre Grandeur,

Le très-humble & très-obéiffant Serviteur PLEUVRI, Prêtre du Diocèfe de Rouen.

l'Approbation y aura été donnée , ès mains de notre très-cher & féal Chevalier, Chancelier Garde des Sceaux de France, le Sieur DE MAUPEOU; qu'il en sera ensuite remis deux Exemplaires dans notre Bibliotheque publique, un dans celle de nôtre Château du Louvre, & un dans celle dudit Sieur DE MAUPEOU; le tout à peine de nullité des Présentes : DU CONTENU desquelles Vous mandons & enjoignons de faire jouir ledit Exposant & ses ayans caufes , pleinement & paifiblement, fans fouffrir qu'il leur foit fait aucun trouble ou em-pêchement. VOULONS qu'à la copie des Préfentes, qui fera imprimée tout au long au commencement ou à la fin dudit Ouvrage, foi foit ajoutée comme à l'Original. COMMANDONS au premier notre Huiflier ou Sergent fur ce requis, de faire pour l'exécution d'icelles tous actes requis & néceffaires , fans demander autre permiffion , & nonobftant clameur de haro , charte Normande, & Lettres à ce contraires : Car tel eft notre plaifir. DONNÉ à Paris le douziéme jour du mois d'Avril l'an mil fept cent foixante - neuf, & de notre Regne le cinquante-quatriéme. Par le Roi , en fon Confeil.

LEBIGUE, *avec paraphe.*

Regiftré fur le Regiftre XVII. de la Chambre Royale & Syndicale des Libraires & Imprimeurs de Paris, N°. 560. fol. 679 , conformément au Ré-glement de 1723 , qui fait défenfes, art. 41 , à toutes perfonnes , de quelque qualité & condition qu'elles foient , autres que les Libraires & Imprimeurs, de vendre , débiter , faire afficher aucuns Livres pour les vendre en leurs noms, foit qu'ils s'en difent les Auteurs ou autrement , & à la charge de fournir à la fufdite Chambre neuf exemplaires prefcrits par l'art. 108 du même Réglement. A Paris ce 29 May 1769.

Signé, KNAPEN, Adjoint.

TABLE DES ARTICLES
Contenus en cet Ouvrage.

TABLE

PREFACE
OU
DISCOURS

Sur l'Histoire du Havre de Grace.

I.

SI l'Histoire est intéressante pour la Société, c'est principalement celle des pays qui nous sont connus, & avec lesquels nous avons commerce. Ce n'est pas assez qu'une narration soit agéable, & que le vrai qu'elle énonce, puisse être utile; il faut que son utilité se rapporte à nos usages. A cet égard l'Histoire de son propre pays doit être préferée: on ne la doit pas négliger, parce qu'elle est voisine; elle fra-

pera autant que les plus éloignées,
parce qu'elle est inconnue. Ce n'est
pas à dire qu'il faille abandonner
les Histoires anciennes ou étrange-
res. Il est néceffaire qu'il se trouve
des Savans qui ayent la capacité &
la patience de rechercher, de difcuter, & de produire avec méthode
les évenemens paffés ou nouveaux
des lieux que nous n'habitons point.
Ce fervice des Savans nous eft très-
profitable, & il faut prendre de
leur travail plus ou moins de connoiffance, felon que nos befoins,
notre état, nos emplois femblent
l'exiger. Mais cette étude fi loua-
ble, fi utile, felon les circonftan-
ces, n'eft pas néceffaire à tout le
monde, au lieu que celle des évenemens du propre pays nous tou-
che perfonnellement, par la part
que nos peres y ont eue, & par
l'influence qu'ils ont quelquefois
fur nos affaires domeftiques,

Au reste, il ne faut pas s'imaginer que le plaisir abandonne l'utilité que j'assigne : les grands évenemens ne sont pas servilement attachés aux tems ou aux lieux : on trouve partout des choses curieuses, & souvent ce qu'on méprise, découvre de grands objets qui méritent qu'on s'en occupe. Il est convenable de savoir quel est le pays où l'on a pris naissance, ce qu'il est, ce qu'il fut d'abord, comment il s'est accru, comment quelquefois il est tombé de sa premiere réputation, les services qu'il a rendus à l'Etat, ou ceux qu'il peut rendre. Mais si l'on ne peut lire, sans quelque sentiment de plaisir, on en trouvera infailliblement dans quelque partie de l'Histoire, & même dans toutes, si celui qui la traite, a de la solidité dans l'esprit, de la justesse & de la précision dans le stile.

A l'égard de notre ouvrage, le

plaisir que nous promettons , peut
se tirer du fond même de la chose
qui ne laisse pas d'être importante.
En effet , qu'est-ce qui attire ? qu'est-
ce qui attache dans ces sortes d'é-
crits ? Des guerres & des siéges ,
des armées & des flottes , un commerce formé & bien soutenu , quelque soulevement , les voyages d'un
Prince & même du Souverain ?
Veut-on y joindre les objets d'une
autre espece , comme les fêtes , les
réjouissances , la fondation des
églises, les édifices publics, & (ce
qui peut tenir rang avec les principales choses) la vie des grands
Hommes & leurs différens travaux?
Je ne crains point d'avancer que
tout cela se trouve dans l'Histoire
du Havre, & que cette Ville, quoiqu'assez moderne, offre des objets
très-intéressans , non - seulement
pour ceux de la Province , mais
encore pour tous les autres.

Et pour en donner ici quelque idée, s'agit-il de sa fondation ; la nature la prépare de loin comme d'elle-même. Elle attire, par le moyen des eaux de la Seine & par celui des eaux de la mer, la matiere d'un grand banc. Elle le fixe au côté du nord de l'embouchure de la riviere par un heureux hasard dans une charmante situation. Il est longtems inondé de la mer, mais ses inondations le favorisent en lui apportant de jour en jour des materiaux pour s'accroître & pour s'arrêter. Enfin il se soutient, il se découvre, mais il retient toujours dans un milieu plus foible un large canal qui devoit être l'origine du port.

Il n'y avoit alors en France aucun Havre qui fût digne d'attention, c'est-à-dire, qui eût par les travaux de l'art toutes les commodités convenables pour servir aux

vaiſſeaux de retraite aſſurée, François I. dans ſa premiere charte
aux Habitans du Havre de Grace,
l'atteſte poſitivement, & il eſt aiſé
d'en faire la preuve. Il y avoit fort
peu de tems que la Bretagne & la
Provence étoient unies à la Couronne, & le canal de Breſt admirable de ſa nature, n'avoit point les
magaſins & les autres choſes néceſ-
ſaires à la Marine. Dans la méditerranée Toulon manquoit également de magaſins, de fortifications,
de redoutes pour aſſurer les rades.
D'autre côté, le port de Brouage
ſe rempliſſoit à chaque inſtant, &
on ne pouvoit guéres entretenir à
Calais que d'aſſez petites galeres.
Dunkerque devint entre les mains
des Eſpagnols un arſenal d'importance, après que les Hollandois
eurent ruiné celui d'Anvers où
l'Eſcaut formoit un port admirable: mais nous ne l'avons poſſedé

que fous Louis XIV. & tout le
monde connoît le fort de cette
place fameufe. Le Port Louis &
Rochefort n'ont été bâtis, le premier, que fous Louis XIII. & le
fecond que fous Louis XIV ; ainfi
le Fondateur du Havre avoit raifon de fe plaindre que ce puiffant
royaume n'eût point feulement un
port net, en état de contenir & de
mettre à couvert fes vaiffeaux &
ceux de fes Alliés. Il fit donc travailler avec ardeur au Havre de
Grace, non - feulement pour en
faire le lieu où l'on pût équiper fes
flottes, mais encore pour y établir
un commerce qu'il prétendoit étendre fort loin. J'en ai marqué le
commencement, le progrès, & les
viciffitudes. Jufqu'à Louis XIII.
on ne connoiffoit de port pour les
vaiffeaux du Roi que le Havre de
Grace, il étoit gouverné par les
Amiraux, & c'étoit dans cet arfenal

que l'on armoit toutes les flottes. Nos Rois par une visite en prenoient, pour ainsi dire, possession, comme du seul arsenal de la Marine de France, ils y menoient la Cour; & les Princes étrangers en venoient voir les fortifications que l'on vantoit dans l'Europe.

I I.

A ces raisons importantes d'avoir en général un bon port pour la marine & le commerce, se joignoit une autre raison encore d'un plus grand poids; c'étoit la nécessité de construire ce port à la côte de Normandie pour mettre en sûreté le cours de la Seine jusqu'à Paris, & couvrir ainsi la Province de Normandie exposée continuellement à l'invasion des peuples voisins. Cette belle province au 9e. siécle, étoit tombée sous la puissance des Danois, dont elle avoit acquis le nom de Normandie pour celui de Neuftrie, qu'elle portoit auparavant. Long-tems après elle parut également digne d'envie aux habitans de la grande Bretagne. Comme elle frape leurs regards au midi de la Manche qui la fépare de leurs côtes, elle eft, pour ainfi dire, à leur bienféance, & ils en connoiffoient dès-lors tout le prix & la fertilité. Enhardis par les divifions de la France, ils y firent des courfes, l'inquiéterent, la ravagerent, & enfin s'en rendirent les maîtres. Pour fe fortifier fur ce rivage, ils bâtirent des forts au-deffus du village de Leure, & fe renfermerent dans le port de Harfleur qui étoit alors le meilleur afile des navires de France. Après plus de trente ans d'ufurpation de la part des Anglois, nos Rois en état de reprendre cette province, s'apperçoivent que Harfleur commence à tomber,

Les bas-fonds fe rempliffent devant cette place par les bancs qui s'y forment, & les eaux s'éloignent, laiffant vuides deux grands baffins dont le port étoit compofé. On avoit befoin d'une autre barriere contre les courfes des Anglois. On bâtit pour cet effet deux lieues plus bas à l'embouchure de la Seine le Havre de Grace que l'on fortifia d'une façon remarquable pour le tems, & dont les flottes figurerent fouvent avec celles d'Angleterre.

III.

Cette fituation toujours important tante excita les Hérétiques du 16e fiécle à tourner leurs vûes de ce côté-là. Ils envoyerent des députés à la Reine d'Angleterre qui leur promit des hommes & de l'argent. Mais la condition de ce traité fut qu'ils livreroient à cette Princeffe une frontiere qui fera toujours re-

cherchée par les Anglois. Les féditieux la livrèrent à ce peuple qui y
établit fa domination. Enfin on fit
la paix avec les Proteftans; mais
elle n'effaçoit point le plus grand
mal de leur révolte. Le Havre au
pouvoir des Anglois favorifoit toujours de nouveaux brigandages,
il tenoit enchaîné le canal de la
Seine, & par les munitions extraordinaires dont il étoit pourvû,
& que l'on pouvoit augmenter par
le fecours de l'Angleterre, il
pouvoit troubler le repos de la
France. On y conduifit l'armée
royale, on y engagea même les
Proteftans & le Prince de Condé.
Après un fiége très célébre on reprit la ville, on rendit à la Seine
fa liberté, & l'on en fit à Rouen
des réjouiffances publiques en
préfence de Charles IX.

IV.

Le commerce eſt encore un grand objet dans l'hiſtoire du Havre. Ce fut une des principales vûes de François I. dans ſon établiſſement, & le ſuccès a bien rempli ſes eſpérances. La pêche de la baleine, celle de la moruë, & la traite du Canada, furent les premiers articles de ſon négoce. On y employoit plus de 120 vaiſſeaux. La Compagnie Royale des Indes a donné long-tems de l'activité au commerce du Havre; mais c'eſt aujourd'hui celui des iſles de l'Amérique, que l'on y cultive avec le plus d'ardeur & de ſuccès. Le concours des vaiſſeaux étrangers de toutes les mers, y eſt prodigieux; il eſt comme le terme de tous les voyages, de maniere que comme il eſt un des ports les plus fréquentés du royaume, il eſt par conféquent un des lieux du plus grand négoce maritime. J'entre dans le détail des marchandifes, des conditions, des échanges, des lieux où l'on va, & d'où l'on vient, & de tout ce qui peut appartenir à cé commerce. Voilà quelque craïon de la nature des chofes ; parlons à préfent de la maniere dont j'exécute cette entreprife.

V.

L'Auteur de la defcription géographique & hiftorique de la haute Normandie, fait un article du Havre de Grace, où il rapporte plufieurs faits deftinés à le faire connoître, Mais ces faits font fubordonnés à l'ordre de la defcription, ce qui les mêle & les dérange ; & quoiqu'en général cet Auteur foit favant, il y a dans cet article grand nombre de fautes qu'il feroit ennuyeux de détailler. Il y a

quelques années qu'un Négociant
du Havre, associé de l'Académie
de Rouen, (M. du Bocage) fit
imprimer un mémoire sur la navigation & le commerce de ce port.
On appelleroit volontiers ce traité,
le parfait Négociant, tant il donne
de connoissance sur cet article ;
on y souhaiteroit seulement un peu
plus d'ordre & de précision ; il en
eût été plus clair & plus utile.
Le premier chapitre de ce traité
fait connoître plusieurs évenemens
de l'histoire du Havre ; il y a aussi
quelques fautes que nous avons
relevées dans le cours de cet ouvrage. Mais j'ai averti que comme
je relevois sans malignité les er-
reurs que j'appercevois dans les
autres, je recevrois aussi sans cha-
grin les avis qu'on me donneroit
pour corriger celles où je pourrois
tomber.

Ce mémoire ne m'a donc point

empêché de publier mon ouvrage, 1°. parce que ce chapitre ne
contient que 35 pag. petit *in-12.*
gros caractere ; ce qui n'est rien
moins que l'histoire du Havre,
comme l'Auteur en convient : 2°.
parce que mon ouvrage étoit composé bien avant ce mémoire de
M. du Bocage, qui m'avoit prié
de lui communiquer mon manus-
crit, qu'il a eu entre ses mains
plus de six semaines. Je ne soup-
çonnois pas alors qu'il eût intention de rien faire imprimer sur l'article du Havre. Cependant quelque soit l'usage qu'il ait fait de
mon cahier, il ne s'est pas rendu
à ce que je dis de la méprise du
Pere Daniel, sur l'antiquité du
Havre. Il parut à ce Négociant,
ainsi qu'à d'autres personnes de cette ville, qu'un jeune homme de 20
ans ne devoit point entreprendre de
réformer un Historien célébre ; &

ſans vouloir goûter mes raiſons,
ſans pourtant les combattre formellement, il a réimprimé la même erreur dans ſon mémoire.
Cependant, les ſavans connoiſſent qu'il n'y a point d'authorité
qui puiſſe tenir contre l'évidence,
quand elle eſt dévoilée, quelque
ſoit l'âge de celui qui la trouve.
Le Pere Griffet Jéſuite, qui travailloit à donner une nouvelle édition de l'ouvrage de ſon Confrere,
quand j'arrivai à Paris, quoiqu'il
fût bien plus intéreſſé que M. du
Bocage à défendre le Pere Daniel,
jugea tout autrement de ma diſſertation, il me combla d'éloges,
m'invita à travailler encore ſur cet
Auteur, & enfin il a imprimé mot
pour mot cette diſſertation dans
les remarques qu'il ajoute à la fin
des volumes, pour orner ou pour
corriger le P. Daniel. On peut la
lire ſous le titre de la ville de Harfleur ;

fleur ; & quoiqu'il ne me nomme point, ce que je ne dis pas pour m'en plaindre, mes amis fçavent que ce font mes raifons qu'il a reçues au refus de mes compatriotes. Il a auffi produit au même endroit le dénouement que je donne à l'origine du mot de Grace, qu'on ajoute ordinairement au port de cette ville.

Des occupations plus férieufe & plus du genre de mon état, m'avoient fait abandonner pendant longtems l'hiftoire des antiquités du Havre (*a*) ; je ne comptois pas même y revenir, quand la délicateffe de ma fanté m'ayant obligé de faire ma retraite, j'ai repris ce travail, que j'ai tâché de rendre utile. Ainfi, je n'ai point voulu dépouiller mon récit de toute efpece de réflexion ; il y auroit, fans

(*a*) J'efpere donner un jour au Public les Sermons que j'ai prêchés à Paris.

b

doute, trop de sécheresse dans la continuité de certains faits qui n'intéresseront pas tous les Lecteurs, & qu'il faut me pardonner, parce qu'ils sont agréables & comme nécessaires à ceux du pays; mais j'ai resserré les discussions qu'il a fallu faire, n'expliquant les difficultés, & ne critiquant les Auteurs qui me sont contraires, qu'autant qu'il est à propos pour la perfection de cet écrit.

Nous avons dans les mémoires qui nous sont restés de la fondation de la Ville, l'époque certaine de cette fondation; mais il ne m'a pas été facile d'en déterminer la premiere forme sur ces mémoires qui ont négligé cette partie de l'histoire du Havre, qui ont omis des choses essentielles à cet égard, ou qui n'ont fait que les insinuer d'une façon obscure; desorte que j'ai été obligé de consulter les mo-

numens qui subsistent ou qui ont
été ruinés, de notre connoissance;
& par de très anciens plans que j'ai
découverts, où toutes les lignes de
ce terrein sont visiblement mar-
quées, j'ai entrevu l'état primitif
du rivage de la Seine, & joignant
à cela le secours des premieres
chartes & celui des traditions non-
écrites, j'ai débrouillé cette narration, & marqué le plus exactement qu'il m'a été possible ce
qui pique le plus la curiosité,
comme la premiere enceinte, l'augmentation ou le changement des
anciens ouvrages, la situation &
le cours de la fameuse crique au
milieu de ces marais. A l'égard des
tems postérieurs, j'ai suivi pour le
fond, des relations particulieres
qui se font conservées dans cette
Ville, observant d'écarter les mi-
nuties & les choses douteuses,
pour ne rapporter que ce qui est

constant & digne d'être lû. Je ferai
voir comment s'est formée, & comment s'est accrue cette vallée du
Havre, qui faisoit partie autrefois
du lit de la riviere: comment elle
s'est affermie au point de recevoir
différentes habitations, jusqu'à ce
qu'elle soit devenue, comme elle est
aujourd'hui, très - fertile & très-
agréable. Enfin, je n'oublierai pas
un des plus grands titres d'honneur
qui puisse avoir une Ville, & qui
excite parmi ses habitans une plus
noble émulation, celui d'avoir
donné la naissance à des personnes
illustres par leurs talens & leur mérite. Et comme l'histoire du Havre
tient à l'histoire générale par bien
des faits importans, je les mêlerai
ensemble, autant qu'il faudra, pour
éclaircir & soutenir l'une par l'autre. Tout l'ouvrage sera terminé
par une description de la Ville &
des environs, qui pourra faire plai-

fir à ceux qui aiment les voyages,
& qui rendra le plus au naturel,
qu'il fera poſſible, les objets qu'il
faudra peindre.

Cependant j'ai eu foin d'exclure
auſſi ces longs détails qui font l'a-
nalyſe complette, & pour ainſi
dire, l'anatomie des lieux : ces ex-
plications peuvent convenir à un
Dictionnaire dont la prolixité
multiplie les volumes. Mais elles
deviendroient faſtidieuſes dans un
ouvrage particulier, où ceux du
pays qui ont les objets devant les
yeux, recherchent plutôt les évenemens paſſés qu'ils ignorent, &
qu'on ne trouve pas dans les Dictionnaires.

Voilà du premier coup d'œil
toute la marche de mon travail.
Quoique le Havre ne ſoit encore
que dans ſon troiſiéme ſiécle, j'ai
regardé cette antiquité comme
ſuffiſante pour donner droit d'en

faire l'hiſtoire ; d'autant plus que l'on mêle déja de l'obſcurité dans ſon origine, & qu'on lui diſpute ſon Fondateur ; outre qu'on n'a pas bien connu juſqu'alors l'étymologie de ſon nom, qui pourtant eſt fort claire. Quand il ſe ſeroit écoulé moins de tems depuis ſa fondation, il n'en ſeroit pas moins convenable d'en faire le récit, pour fixer les époques, & regler les jugemens de la poſtérité. Faute de cette précaution, l'origine de la plûpart des Villes eſt inconnue, & livrée aux caprices de l'imagination des Auteurs qui la couvrent de fables, & y mettent la confuſion, au lieu de l'éclaircir & de la débarraſſer des vaines conjectures. Il eſt très-utile encore de faire l'hiſtoire d'un établiſſement même nouveau, pour prévenir les inconvéniens de la ſuite des âges, pour aſſûrer les titres, conſerver la connoiſſance &

la poffeffion des privileges. Ajoutez
que par les hiftoires des Villes s'a-
maffe un fonds plus riche & plus
certain pour le corps de l'hiftoire
d'un royaume, qui devient par-là
plus facile & plus curieufe. Au
refte, nous avons en particulier les
hiftoires de plufieurs Villes, & ce
qui concerne la marine excite toujours le Lecteur avide de plaifir &
d'utilité. Il ne s'agit que de choifir
les faits, les préparer, les amener
avec ordre, & les foutenir par la
force & la grace de la diction. Alors
les hiftoires particulieres ne feront
pas feulement à l'égard de l'Hiftoire générale, comme les ombres
d'un tableau, pour mieux détacher
les jours & les objets qui doivent
être plus frapans ; mais elles pour-
ront offrir quelques-unes des beau-
tés de l'Hiftoire univerfelle, &
repréfenter quelques-uns des grands
traits par lefquels elle attire & en-

rein, qui n'a pas toujours existé. Selon
cette idée, cette vallée si fertile, parfaitement égale dans toute son étendue,
faisoit partie autrefois du canal de la
Seine, & son eau baignoit les côtes de
Graville & d'Ingoville. Cette opinion
est très-vraisemblable, & voici ce que je
dis pour l'appuyer. Il paroît naturel, à
la seule inspection des lieux, que la
Seine descendit autrefois du pied de la
côte de Gonfreville-l'Orcher, le long
des côtes suivantes. Le terrein qui res-
serre aujourd'hui le lit de la riviere, est
pierreux en divers endroits, sablonneux
en d'autres, & ne produit que des eaux
salées. Son uniformité partout égale,
n'annonce autre chose qu'un amas de
matieres chariées, & lentement cimentées
par le flot de la Seine. Ajoutez à cela
qu'on a trouvé un corps de navire
plein de lest, avec son mât, ainsi qu'une
grande quille, en fouillant la terre
à plusieurs distances; & des anneaux
de fer qu'on a vus encore aux murs
du Château de Graville, auxquels anneaux sans doute les vaisseaux devoient
s'attacher. Ainsi je pense que du limon
qu'il est ordinaire aux fleuves de pousser à

leur embouchure, du galet qui descend de la Héve, ou du nord-ouest, avec la marée, de quelques roches qui se détachent des falaises, & des bancs de sable qui leur auront servi de lit; de tout cela, je pense que la riviere aura insensiblement formé la vallée que j'examine. Cette naissance de terrein ou de marais aura commencé d'abord au-dessous de Harfleur, c'est-à-dire, aux environs du Hoc, & aura successivement continué vers l'embouchure de la riviere, s'embrassant plus d'espace à mesure que la côte se détourne ou se courbe vers le nord, ce qui forme en longueur environ deux lieues.

Tandis qu'il s'élevoit un nouveau terrein dans le lit de la riviere, l'impétuosité de la mer en ruinoit un autre à Saint Denis, chef de Caux, qui n'est éloigné du Havre que d'une petite lieue au nord-ouest de l'embouchure de la Seine. Par diverses inondations les vagues de la mer ont tellement dégradé les terres, qu'elles ont enfin englouti une bonne partie de cette Paroisse. Il n'est pas même hors de vraisemblance, que le promontoire du chef de Caux, autrement appellé la Héve, ne s'étendît autrefois dans des tems, dont

il n'eſt pas poſſible de marquer l'éloignement, juſqu'au banc de l'Eclat au-deſſus
de la petite rade. Ce banc de roche auroit
été la baſe du promontoire, & l'agitation
des flots qui auroſent battu continuellement cette pointe énorme, l'aura tellement ruinée dans les endroits où elle
s'écartoit de la chaîne des côtes, (ce qui
fait de longueur environ demie lieue où
elle auroit eu moins de réſiſtance,) qu'elle
l'aura entierement détruite. Ce que je
conjecture eſt d'autant plus probable, que
l'on ſçait que ce promontoire a beaucoup
perdu depuis un ſiécle, que j'ai vû moi-
même tomber du ſommet des morceaux
immenſes, & qu'il y a encore des fen-
tes prodigieuſes prêtes à s'éclater. Les
débris de cette côte qui deſcendent quelquefois juſqu'au Havre de Grace, auront ſans doute beaucoup ſervi à former
le terrein qu'occupe cette ville. On peut
aſſurer qu'il eſt fort nouveau. Au commencement du ſeizième ſiécle, ce terrein
gagné ſur la rive droite de la Seine, n'a-
voit encore que très-peu de conſiſtance.
Il s'étoit tellement étendu, qu'il n'avoit
pû ſe fortifier également, étant formé
de matieres, dont le concours n'avoit

point de régle. Il avoit conservé une infinité de creux ou de fosses que remplissoit la marée ; une partie de ces eaux trouvoit des issues pour se rendre à la mer, l'autre y restoit croupissante. Ce fut principalement l'état du quartier qu'on appella les Bares ; ensorte que pour traverser tous ces petits golfes, on fut obligé de pratiquer quantité de ponts, dont le dernier joignoit le quartier de Notre-Dame au même endroit où il le joint encore aujourd'hui. Enfin, l'intérieur de tout ce terrein n'est pas tellement affermi, que la mer ne trouve encore le moyen de pénétrer dans les caves voisines, & de revenir dans un fonds qu'elle occupoit autrefois.

Ces élevations du lit de la mer & des rivieres ne sont point inconnues ; quelques isles se sont unies à des continens ; les villes de Ravennes, de Fréjus, Narbonne, Aiguës-Mortes où s'embarqua Saint-Louis, sont aujourd'hui considérablement éloignées de la mer qui remplissoit leurs ports, ou qui baignoit leurs murailles ; & sans perdre de vûe la situation du Havre de Grace, quel grand espace à la côte du sud la mer n'a-t-elle pas abandonné au-deſſus de la riviere de Dive, dans cet endroit qu'on appelle les Dunes ?

Il ne faut pas cependant s'imaginer que l'eau de la Seine avec celle de la mer qui la refoule en montant, touchât immédiatement le pied des côtes de Graville & d'Ingoville. J'ai remarqué au-devant de ces côtes une largeur de terrein, dont la pente douce eſt certainement une partie de la montagne. C'eſt comme un repos que la nature a ménagé dans les différens étages de la hauteur, ou comme un amphitéâtre où l'on trouve pluſieurs degrés pour arriver au faîte. Cette terraſſe forme un tout trop régulier pour être l'effet du haſard, enſorte que ce côteau parallele à lui-même dans l'eſpace de deux lieues, ne ſera point poſtérieur aux montagnes, auxquelles il diſpoſe inſenſiblement. Il eſt d'ailleurs trop élevé pour être une liaiſon de bancs de ſable, il paroît compoſé d'une terre franche, & il a, près du rivage de chef de Caux, une hauteur à peu près de quarante pieds, qui va toujours en diminuant, juſqu'à ce qu'elle diſparoiſſe à l'endroit où je fixe de ce côté-là l'accroillement des terres. J'ai obſervé la même choſe à la côte du ſud, où ſe trouvent de ſemblables pentes d'une terre auſſi ſéche, & qui ne ſont ſablonneuſes qu'à l'endroit où la gréve commence. Ainſi la vallée du Havre de Grace avoit une demie lieue dans ſa plus grande largeur ſur deux lieues de long, au commencement du ſeiziéme ſiécle, lorſqu'on jetta vers ſon extrémité les fondemens de cette ville,

Quelques Auteurs ont reculé prodigieuſement ſon origine, & lui ont fait honneur d'une antiquité dont elle ne ſe glorifie pas. Les uns ont eſtimé que le Havre de Grace s'étoit élevé ſur les ruines de l'*Iccius* ou *Itius portus*, ſi célèbre dans Céſar. D'autres auſſi prévenus y ont placé le Corocotinum ou Carocotinum, qui, ſelon l'itinéraire d'Antonin, doit être à près de cinq lieues de Juliobona. D'autres y reconnoiſſent Conſtantia-Caſtra, que l'on dit, d'après l'hiſtoire d'Ammien - Marcellin, devoir exiſter à l'embouchure de la Seine; & M. de Maſſeville, dans ſon hiſtoire de Normandie, avance, que le Havre qui eſt maintenant, ainſi que Dieppe, une des groſſes villes du pays de Caux, n'étoit du tems des Romains qu'un petit village.

Après avoir montré, & devant montrer encore plus particuliérement dans la suite l'extrême nouveauté du territoire du Havre, je pourrois me difpenfer de répondre à ces diverfes conjectures ; mais je veux bien dire, en paffant, que ce n'eft point aux côtes de Normandie, mais bien de Picardie, que l'on doit chercher le port *Iccius* de Céfar ; que fans avoir égard aux prétentions de Saint-Omer, ni à celle fd'Icport (*a*), dont le nom eft précifement le même, on le fixe avec raifon, entre Boulogne & Calais, c'eft-à-dire à Wiffant où le trajet eft le plus court des Gaules en la grande Bretagne, comme s'exprime Céfar dans fes Commentaires.

Je dis enfuite que par Conftantia-Caftra, on entend la ville de Coûtances ou plutôt le Cotantin, où l'on prétend que Céfar avoit toujours une armée ; ce qui n'empêche point que je ne croye foûtenable l'opinion de ceux qui prennent Hohfleur ou Harfleur pour Conftantia-

____

(*a*) C'eft un Hameau du Pays de Caux fur le bord de la mer entre le Havre & Dieppe.

Caſtra. En effet, Ammien-Marcellin
(liv. 15) dit que la Marne & la Seine
jointes enſemble, après avoir arroſé l'Iſle
de Paris, ou de Lutéce, ſe rendent à la
mer auprès de Caſtra-Conſtantia ; (*propè
Caſtra-Conſtantia funduntur in mare.*) Mais
de l'embouchure de la Seine à la pointe
du Cotantin, il y a par mer treize à quatorze lieues, ce qui n'eſt pas, à parler
naturellement, le voiſinage de la riviere.
D'un autre côté, Céſar, ou quelqu'autre
Romain, avoit-il eu ſon camp (fixe, arrêté)
auprès d'Honfleur ou Harfleur , pour
donner lieu d'appeller Conſtantia-Caſtra
l'une ou l'autre de ces deux villes ? C'eſt
une de ces difficultés de l'Hiſtoire, qu'on
ne pourra jamais réſoudre. A l'égard de
Carocotinum, on peut le placer avec aſſez
de vraiſemblance à la ville d'Harfleur
très-ancienne & très-célebre. Enfin le village de M. de Maſſeville eſt une chimere,
une ſuppoſition en l'air, dont il n'auroit
pû fournir la moindre apparence de
preuve.

Il ſeroit inutile de repréſenter les ruines
de fortifications que l'on trouve au village des Neiges. Ce n'eſt point-là préci-
ſément le lieu du Havre de Grace ; j'ai

montré que l'augmentation des terres
avoit été successive, c'est-à-dire, que le
Hoc avoit existé avant le village des Neiges; celui-ci avant le village de Leure,
& tous deux bien avant le Havre, puisqu'au commencement du seiziéme siécle
la place qu'occupe cette ville, loin d'être
entierement desséchée, éprouvoit à tous
momens les inondations de la mer. Ainsi,
les restes que l'on trouve dans le village
des Neiges ou du petit Leure, sont les
vestiges des guerres du quinziéme siécle,
ou les vestiges des forts destinés à couvrir
& protéger Harfleur, qui étoit pour les
François, ou pour les Anglois établis en
France, le boulevard de la marine. A
l'égard du grand Leure, les restes qu'on
y voyoit autrefois, ne peuvent être autre
chose, comme nous le verrons dans la
suite, que les fortifications de l'ancien
port de la ville du Havre.

Nous voici arrivés à l'assertion du Pere
Daniel, qui déclare dans son histoire sur
l'année 1450, que les Anglois après
avoir rendu au Roi Charles VII. la ville
de Harfleur, rendirent aussi les deux
tours du Havre, qui n'étoit pas alors une
ville, mais un *bourg ouvert*, où l'on avoit

bâti ces deux tours pour commander l'embouchure de la Seine. Comme il cite pour
les opérations du siége de Harfleur, Jean
Chartier Bénédictin, qui y étoit présent,
comme il le témoigne dans sa chronique,
& qu'il joint ces dernieres paroles (qui
n'étoit pas alors une ville, &c.) au récit
de Jean Chartier; on croiroit aisément
qu'elles sont de Jean Chartier lui-même.
Mais quelquefois les Historiens tranchent
les difficultés, & décident hardiment selon leur caprice. Voici mes raisons telles
que je les ai communiquées au Pere Griffet, & telles que ce Pere les a adoptées.

J'ai consulté l'histoire de Charles VII.
par Jean Chartier, à la bibliothéque de
S. Germain-des-Prez, & je n'y ai point
trouvé que le Havre fût alors un bourg
ouvert, où l'on eût bâti deux tours. (Y
a-t-il des bourgs qui soient fermés ?)
Voici les paroles de ce Moine. » Après la
» réception de ces clefs (des clefs de Har-
» fleur) fut envoyé par ledit Lieutenant
» (le Comte de Dunois, Lieutenant Gé-
» néral des Armées du Roi) de ses gens
» dedans les deux tours du Hable ou
» Havre, pour en ôter la banniére des
» Anglois qui étoit sur l'une d'icelles, à

» champ blanc, & une Croix rouge parmi.
» Et après par deux Hérauts fut mise fur
» l'une d'icelles tours, la bannière du Roi
» de France, laquelle en pofant, il s'éleva
» un grand cri de joie & de réjouiffance
» de tout le peuple de la ville. Par ainfi
» furent garnies ces deux tours de devers
» Rouen, des gens dudit Lieutenant.
» Ce jour même s'en alla la plus grande
» partie des Anglois par bateaux, &c.

J'admire que le P. Daniel, cet efprit fi pénétrant, n'ait pas démêlé une équivoque auffi légere que celle d'où provient toute la difficulté. C'eft l'équivoque du mot de Havre ou Hable, qu'on employoit alors pour exprimer un port de mer. L'Editeur de Jean Chartier au dix-feptiéme fiécle, Denys Godefroy, en avoit averti le P. Daniel, par une note marginale, & c'eft cependant cet avis qui paroît l'avoir induit en erreur. Ainfi de quel Havre s'agit-il dans les paroles de Chartier? C'eft fans doute du Havre de Harfleur, dont il étoit uniquement queftion. Qui peut s'imaginer que les Anglois euffent arboré leur étendart fur les tours *d'un bourg ouvert*, pour témoignage à tout le monde, qu'ils avoient la

possession de la ville d'Harfleur, qui seule
alors étoit considérable ? Est-ce donc que
Harfleur n'avoit pas son Havre, sur les
tours duquel ils pussent faire montre de
leur drapeau ? Mais quand Jean Chartier
ajoute qu'on y substitua la banniére de
France, & que lorsqu'on la vit paroître,
il s'éleva un grand cri de joie dans toute
la ville, peut-on ne pas reconnoître que
c'étoit le signal de la prise de possession
d'Harfleur, cette place importante ? Ce
qui le démontre, c'est que le peuple
renfermé dans la ville d'Harfleur, n'auroit jamais pû saluer d'un cri de joie le
drapeau de la France, si on l'eût élevé
sur les deux tours du prétendu Havre,
qui est situé deux lieues plus bas à son occident, & dont la vûe lui est cachée par
une pointe saillante de la côte du nord.
Le P. Daniel se contredit, en refusant
alors au Havre le titre de ville, tandis que
Jean Chartier assure que la ville fit des
cris de joie, quand elle vit la banniére de
France remplacer celle d'Angleterre.
Ainsi il est nécessaire de dire, de son
propre aveu, que cela se passa à la vûe
d'Harfleur sur les tours de son Havre,
& l'assiette de ce port au-devant de la

ville, favorise à tous égards mon explication.

A l'endroit de la côte du nord où la
chaîne des montagnes est interrompue,
dans une espece de détroit ou de golfe,
est située la ville de Harfleur. Son port
occupoit le devant de ses murailles du
côté du midi, & formoit deux grands
bassins qui communiquoient l'un à l'autre, à peu près comme ceux de Toulon.
L'entrée de ce port étoit fort étroite,
& soutenoit de chaque côté deux belles
tours pour la défendre. On voit encore
des vestiges très - marqués de ces deux
tours dans les ruines de ce port si célebre, qui n'est plus qu'une prairie que
partage en deux la petite riviere appellée Lézarde. Ce port occupoit principalement la partie de la muraille qui s'é-
carte le plus de la mer, ou de l'embouchure de la Seine ; c'est pour cela que
Jean Chartier ajoute qu'on remplit ces
deux tours qui étoient vers Rouen, des
gens du Comte de Dunois. Or le Havre
n'est pas du côté de Rouen à l'égard de
cette ville. La chronique de Normandie
que j'avois consultée d'abord, rapporte la
même chose encore plus clairement, en

difant qu'on fit fortir après cela les Anglois
des tours qui étoient fituées vis-à-vis de
la côte. Or le Havre qu'on voudroit diftinguer de celui d'Harfleur, n'avoit, dans
la fuppofition du P. Daniel, que les deux
tours ci - deffus nommées. Voilà donc,
ce me femble, la queftion décidée fans
retour. On avoit fait le fiége par terre du
côté de la campagne, la ville fut rendue,
& après la réception des clefs, on s'affura
d'abord des tours maritimes qui cou-
vroient les autres.

M. Dubocage qui n'avoit d'autre fondement que cette méprife du P. Daniel,
pour foutenir la même opinion, a cru la
fortifier en difant que François I. répara
ou réédifia ces deux tours. Comme il
prouve trop, il ne prouve rien. Il eft
vrai que François I. fit conftruire la groffe
tour dans un endroit où il n'y avoit jamais
eu aucun édifice. Mais pour la tour op-
pofée, c'eft le Vidame de Chartres qui la
fit bâtir avant le fiége de la ville ('on le
verra plus bas), & on l'a toujours appellée depuis, à caufe de cela, la tour
Vidame.

Cependant quoiqu'il foit certain qu'il
n'y avoit alors fur ce rivage aucune for-

tification, il ne faut pas diſſimuler qu'il n'y eût même, avant le ſiége de Harfleur, quelque petite habitation. J'ai vû un titre conſervé par les Curés du village d'Ingoville, où dès l'année 1445, la paroiſſe de ce village étoit jointe avec une annéxe ou ſuccurſale de la bienheureuſe Marie (*cum ſuo ſuccurſu beatæ Mariæ;*) enſorte que la Mere de Dieu, que l'Egliſe appelle dans ſes chants, l'Etoile de la mer, étoit honorée ſur les deux rives de la Seine, à l'endroit à peu près où elle tombe dans l'océan, & où le Havre & Honfleur ſont, pour ainſi dire, les deux Dardanelles qui défendent ce golfe. Mais loin que ce fût un bourg formé, c'étoit à peine un hameau, dont les flots emportoient dans le ſein de la mer tous les jours quelque partie. Ce qui avoit occaſionné cette petite habitation, étoit la commodité d'une grande crique, où les Pêcheurs pouvoient ſe retirer au retour de leur pêche. Nous avons vû que le terrein du Havre en ſe formant avoit conſervé grand nombre de foſſes, où l'eau ſéjournoit. Au-delà de ce terrein ſur le ſable s'étoit élevé un très-grand banc en forme d'iſle, enſorte que la mer

qui

qui le baignoit par les deux extrémités,
alloit toujours arrofer l'ancien marais. Ce
bras de mer, très-profond & très-large,
avoit, comme l'on voit, deux iffues très-
éloignées l'une de l'autre. Ce fut le grand
canal ou la grande crique, qu'on appella
la crique de Percanville, à caufe du quartier de ce nom qu'elle divifoit en partie
d'avec celui des Bares, comme nous
verrons dans la fuite. On l'appella auffi
la foffe d'Eure ou de Leure, à caufe de
ce village, près duquel elle avoit fon entrée. Les Pêcheurs de la côte conftrui-
firent une méchante cabane dans le voifinage de cette crique, ils y prenoient
leur rafraîchiffement & leur repos, tandis que leurs barques étoient en fûreté
dans ce canal : voilà précifément l'origine du Havre, felon de vieux plans à la
main, qui fubfiftent encore, & c'eft ici
pareillement que commencent nos Mémoires.

Quoique ce canal fût à l'ufage des Pêcheurs, à qui la nature en avoit fait préfent, & qui s'en étoient, pour ainfi dire,
emparés, nous trouvons cependant dans
l'Hiftoire, qu'il s'y fit avant le regne de
François I. deux armemens affez confi-

B

dérables : le premier en 1470, fous la
conduite du bâtard de Bourbon, Amiral
de France, à la réquifition du Comte de
Warwick, pour aller délivrer Henry VI.
Roi d'Angleterre : le fecond, en 1485,
en faveur du Comte de Richémont, qui
étant parti du Havre avec un fecours de
quatre mille hommes, fit déclarer pour
foi tout le pays de Galles, & s'empara de
la Couronne. M. Dubocage qui avoit ré-
folu de ne point déférer à mon obferva-
tion fur le P. Daniel, rapporte ces deux
exemples pour l'antiquité du Havre. Il
faut un peu s'arrêter ici. Il y a dans la premiere citation quelque petit mécompte,
& pour la date, & pour l'ordre des
voyages du Comte de Warwick, que
M. Dubocage renverfe d'une façon qui
n'eft pas judicieufe. D'abord, ce ne fut
point en 1469, mais en 1470 que le
Comte de Warwick vint en France demander du fecours ; & ce que M. Dubocage appelle le fecond voyage, fut précifément le premier. Il avance, page 5, que
ce Comte ayant obtenu de Louis XI. un
fecours confidérable, s'embarqua au Havre fous la conduite du bâtard de Bourbon......... & enfuite, que lorfqu'au

mois de May de la même année, il re-
paſſa en France, il ne jugea pas à propos
de laiſſer ſa flotte au Havre ; il la fit entrer dans les ports d'Harfleur & d'Honfleur. Voilà un retour en France tout-à-
fait inutile, & qui ne s'eſt pas fait de la
part du Comte. Ce que notre Auteur a
pris pour le retour du Comte de Warwick, eſt naturellement ſon premier
voyage, lorſqu'avec une flotte qui lui
appartenoit, il étoit parti de Dermout au
mois de May pour venir en Normandie,
& qu'après ſon arrivée en cette Province,
il avoit mis ſes vaiſſeaux en ſûreté dans
les ports de Harfleur & de Honfleur. Le
Roi qui s'étoit rendu à ſa demande, fit
équiper pluſieurs vaiſſeaux pour les joindre à la flotte du Comte qui partit pour
ſon expédition, avec le bâtard de Bourbon, Amiral de France. C'eſt ainſi que
la choſe eſt rapportée par le P. Daniel,
qui n'a point marqué de quel port ſortit
cette flotte ; mais Rapin de Toyras, (hiſtoire d'Angleterre) dit poſitivement que
ce fut du Havre de Grace. A l'égard du
ſecond exemple, le Comte de Richemont
partit du Havre, ſelon le P. Daniel. Mais
Rapin de Toyras le fait partir d'Harfleur,

où les vaisseaux l'attendoient, & où il fit embarquer ses troupes.

Il paroît donc qu'on doit regarder ces armémens comme s'étant faits proprément dans le port d'Harfleur , qui étoit muni de remparts & de magasins, & qu'il faut dire, dans ces deux cas, que les vaisseaux après y avoir été équipés, étoient descendus dans la crique du Havre , pour y attendre le vent ou la marée , comme dans une baye qui servoit de station & de refuge au port de Harfleur. Cette idée naturelle peut se confirmer , par ce que dit Rapin de Toyras , que la flotte de Richemont partit de Harfleur le dernier jour de Juillet , au lieu que le P. Daniel ne la fait partir du Havre que le premier Août. Ainsi la crique du Havre pouvoit être alors considérée comme une rade sûre à l'égard de Harfleur , où d'ailleurs les navires étoient à l'aise. Mais les vestiges d'un ancien port & d'un château dans les marais, dont parle M. Dubocage, (ce château est le fort de L'eure qu'il n'a pas connu) appartiennent véritablement au Havre , depuis le regne de François I. & ne font point partie , comme il le con-

jecture, de l'ancien port d'Harfleur, qui
en étoit éloigné de près de deux lieues.
Ainsi il est inutile de tergiverser pour
enlever à la ville du Havre l'honneur
d'avoir été fondée par un si grand Prince.
C'est mal-à-propos que M. Dubocage la
nomme ville avant qu'elle soit fermée :
puisqu'il convient que François I. là ferma, il faut qu'il convienne nécessaire-
ment qu'il en fut uniquement & proprement le fondateur.

En 1516, on voyoit du côté de la
jettée du sud, c'est-à-dire, du quartier
des Bares, qui comprenoit aussi la place
de la citadelle, grand nombre de cabanes,
malgré les outrages de la mer ; desorte
qu'insensiblement ce rivage se peuploit
de Nautonniers, qui vivoient de leur
pêche. On étoit venu les trouver dans
cette pauvre habitation, & plusieurs pa-
roissiens d'Ingoville avoient pris des Fiefs
(ou des Fieffes) des Seigneurs de Graville pour bâtir dans le territoire, & jouir
des communes qui étoient aux environs.
Pour faciliter l'établissement sur le plus
solide de ces marais, la bonté du Roi
leur avoit accordé des priviléges & le
franc-salé pour dix ans. Telle étoit, en

1516, la situation de ce rivage, où se devoient faire un jour de si grands armemens.

Quelques Géographes qui conviennent toutefois que François I. est le fondateur du Havre, ont écrit que Louis XII. son prédécesseur y avoit fait faire quelques travaux. C'est encore une chose que nous ne pouvons accorder, 1°. parce que François I. fit examiner divers lieux sur la côte, aux environs de l'embouchure de la Seine, pour y construire un bon port, ce qui n'annonce point que le Havre fût déja un bourg ouvert, où Louis XII. auroit fait faire quelques ouvrages, quoiqu'il en puisse avoir eu le dessein (a). D'ailleurs ces Géographes ont tous puisé cette assertion dans Taillepied qui a dit le premier dans son recueil des antiquités de la ville de Rouen : (cedit an (1509,) fut commencé le Havre la ville de Grace qui étoit un lieu champêtre.) Mais il n'est pas plus croyable que Bourgueville, autre Auteur Normand, qui dans ses an-

(a) Peut-être est-ce à lui qu'il faut rapporter la concession de ces privileges.

tiquités de Caën & de Neuſtrie, dit que
la ville Françoiſe, le grand Havre de
Grace fut bâti en 1518 ou 1520. Ainſi
il réſulte de la différence de ces deux Auteurs qui ſont-contemporains de la fondation du Havre, ainſi que du témoignage de Beaucaire Evêque de Metz &
de celui de la Popeliniére également contemporains, que le Havre de Grace eſt
du commencement du ſeiziéme ſiécle, &
que notre ſentiment eſt vrai ſur l'époque
de ſa fondation. En prenant donc un
tems moyen entre celui de Taillepied &
celui de Bourgueville, nous aſſignons
l'année préciſe de cette fondation à l'année 1516, & la ſeconde raiſon qui nous
y détermine, eſt qu'il y a parmi les Habitans du Havre une tradition commune
auſſi ancienne que ſa fondation, ſelon
laquelle *en mille cinq cens ſeize fut aſſiſe
la premiere pierre.*

Ainſi nous ne reconnoiſſons abſolu-
ment pour fondateur que François I. ce
grand Prince dont la mémoire nous ſera
toujours précieuſe. Cette tradition nous
a été conſervée par l'Auteur de nos
mémoires, Guillaume de Maceille, ou

de Maffeille, Ecuyer, premier Procureur du Roi au Havre de Grace, témoin oculaire en partie, & dépofitaire pour le tems précédent, du récit de fon pere, qui étoit, au premier moment de la fondation du Havre, Gouverneur, du château & de la terre de Graville. Il étoit né dans cette ville, & il écrivit fes mémoires en l'année 1594, mais il ne les porte que jufqu'à l'année 1590. Quoiqu'il n'y ait pas affez d'ordre, affez de détail, affez de clarté fur des chofes fort effentielles, il n'eft pas impoffible de le deviner. Le malheur de ce tems qui ne faifoit que fortir de l'ignorance, l'imperfection où étoit alors la langue françoife, & les grandes occupations de ce Magiftrat, ont été les caufes de l'obfcurité de fa narration : mais nous croirions manquer à la reconnoiffance que nous lui devons, fi nous n'avertiffions ici que fa piété nous garantit la vérité de fes mémoires, & qu'il nous a laiffé des témoignages dignes de foi fur la nature & le nombre de nos privileges. Il rapporte donc la fondation de la ville à l'année 1516, quelques années plutôt que ne

porte

porte un des fameux plaidoyers dont nous aurons occasion de parler. Voici comment j'explique cette fondation.

1516. *Fondation du Havre de Grace.*

François I. Prince actif & brave, ayant défait les Suisses à la journée de Marignan, repassa promptement les Alpes au commencement de l'année 1516, sur l'avis qu'il eut que l'Anglois méditoit quelqu'entreprise contre la France. Comme il avoit pris les intérêts du jeune Roi d'Ecosse, (Jacques V.) il se trouvoit exposé au ressentiment & à l'aversion du Roi d'Angleterre. Pour opposer donc une barriere aux courses des Anglois, & mettre en sûreté dorénavant la province de Normandie, il résolut d'y établir une forte place. Ce dessein arrêté, le Roi députa l'Amiral de Bonnivet, pour examiner les côtes de cette province. La mer commençoit déja à s'éloigner du port de Harfleur, & cette ville cachée dans une espece de golfe, ne pouvoit plus veiller, par ses navires, à la sûreté des peuples. On jetta les yeux sur Etretat, l'embouchure de la Touque, & les marais du Havre de Grace. Ce dernier endroit l'em-

C

porta, & fut jugé plus commode par l'a-
vantage de la crique, & plus important
par l'embouchure de la Seine. ‟ On in-
‟ forma, dit François I. (a) qu'au Bail-
‟ liage de Caux, au Port de Grace, étoit
‟ le lieu plus propre & convenable à faire
‟ l'ouverture de Havre.

Le Roi commit la charge de bâtir la
ville, & de perfectionner le port, à Guyon
le Roi, Chevalier, Seigneur de Chillou,
du pays de Poitou, autrefois Général de
l'armée de Louis XII. contre les Anglois, pour lors Vice-Amiral de France,
& Capitaine ou Gouverneur de la ville de
Honfleur; il fut aussi le premier Gouverneur de la nouvelle ville. Ainsi le Havre
de Grace, à présent chef-lieu d'un gouvernement général militaire, département de
la marine, clef du royaume; & port de
commerce, commença de s'établir en
1516, une année avant la naissance de
l'hérésie, qui lui fut funeste. On partagea
la place en trois grands quartiers autour
de la crique, mais principalement en-deçà
du côté du nord, & l'on n'y fit d'abord
que des retranchemens de terre, dont les
lignes furent peu à peu près revêtues; de

(a) Premiere Charte de François I. signée
au Havre dans le mois d'Août 1520.

maniere que les principaux ouvrages du Chevalier de Chillou, furent la tour & l'hôtel de ville.

La grosse Tour & l'Hôtel de Ville.

Le Roi avoit eû dessein, pour commander la mer, de faire bâtir une forteresse près du chef de Caux, à l'endroit qu'on nommoit alors la Mare-aux-Chevaliers ; il avoit même envoyé six notables pour visiter la place ; mais ils l'en détournerent pour le bien du pays & même de la ville, que cette forteresse auroit pû gêner ; & il est vraisemblable que l'ouvrage massif que l'on voit à l'entrée du port, ne fut élevé que pour remplacer celui qu'on abandonnoit... La grosse tour est un bel ouvrage, ayant presque autant de profondeur sous le lit du port, qu'elle a d'élévation au-dessus du quai ; & elle est si bien fondée, que ses caves sont parfaitement séches, ensorte que les vaisseaux en arrivant y déposent leurs poudres, comme on les y oblige. Elle a diverses chambres, une grande salle, une voûte de pierres, qui forme pardessus une très - belle terrasse d'où l'on découvre toute la mer. On y avoit laissé d'abord une ouverture dans le milieu pour éclairer la falle ; mais cette ouverture ne laiffant pas à la voûte affez de fermeté, a été remplie. On y fit jaillir avec beaucoup d'adreffe une fontaine, dont le cours a été fouvent interrompu ; on y pratiqua fur la cime deux petits corps de garde, & un oratoire, où je ne crois pas qu'on ait jamais célébré la meffe. La tour eft ronde, compofée de pierres taillées la plupart en pointes de diamant, forme agréable au Sr. de Chillou, qui l'avoit employée dans la conftruction des deux tours de Gênes, lorfqu'il y fut Lieutenant de Roi fous Louis XII. ainfi que dans celle du château de Dourlans. L'on voit encore quelque marque de ce goût particulier à la façade du bâtiment de l'hôtel de ville ; qu'il fit faire à fes dépens pour y loger. Mais fous le regne d'Henri II. les bourgeois financerent pour en faire l'acquifition vers l'année 1550, & l'acheterent de Louis Dupleffis, fils de François Dupleffis, bifayeul du Cardinal de Richelieu, qui l'avoit eû pour la dot d'Anne le Roi, fille héritiere du fieur de Chillou.

Ce Capitaine pour s'établir Seigneur de la ville du Havre, fe fit faire des ceffions par fieffe ou par achat, des communes du lieu où étoit compris le territoire de la ville, de la part des paroiſſiens d'Ingo-ville, qui avoient droit à ces communes. Il fieffa pluſieurs places à différens bour-geois, & par les rentes qu'il percevoit de ces particuliers, il réuſſiſſoit à ſe faire regarder comme le Seigneur de cette ville: mais Louis de Vendôme, Vidame de Chartres, & Seigneur de Graville, s'étant pourvû au Parlement de Rouen contre de telles entrepriſes, par un Arrêt rendu en Mai 1524, on caſſa les contrats de l'acquiſition des communes d'Ingo-ville; & le territoire du Havre qui con-ſiſtoit en vingt-quatre acres, depuis la porte du Perré, juſqu'au premier pont des bares (c'eſt le quartier de Notre-Dame, dont l'uſurpation chagrinoit le plus le Seigneur de Graville), lui fut adjugé comme lui appartenant, excepté néan-moins ce qu'avoit pris le Roi, pour les murailles, les quais, & autres ouvrages de cette nature. Le gouverneur du Havre, pour ſe libérer des dépens auxquels il étoit condamné, & qui montoient à treize ou quatorze mille livres, vendit au Sei-gneur de Graville, la terre & le château d'Orcher ; d'où il prenoit le nom de Maréchal héréditaire de Normandie. Depuis ce tems-là le Seigneur de Graville fieffa les places de la ville du Havre, à un fol de rente chaque année, par pied cube, jufqu'à l'année 1541, où le Roi fe rendit propriétaire du fonds de la place.

François I. donne fon nom à la ville du Havre.

François I. pour honorer la ville qu'il avoit fondée, voulut qu'elle portât fon nom, & qu'on l'appellât la ville Françoife ou François-ville : mais l'on ne put s'y accoutumer, & quoiqu'un Prince fi bienfaifant méritât fans doute que fon nom fût continuellement dans la bouche de fon peuple, on fut quelque tems fans pouvoir convenir du nom de fa ville. Les uns l'appelloient *ville Françoife*, les autres *Havre de Grace*. On l'appelle affez communément dans les monumens du pays, la *ville Françoife du Havre de Grace* ; ce qui réunit les deux noms : mais l'on diroit plus correctement, *Françoife de Grace*. L'ancien ufage des premiers habitans, c'eft-à-dire des pêcheurs, a fait prévaloir le nom de Havre de Grace, & c'eft ainfi

qu'elle eſt connue dans toute l'Europe.
Mais ailleurs on a dit volontiers, le Port-
Louis, & Charles-ville. C'eſt en latin
Franciſcopolis, auſſi bien que *Portus Gratiæ*.
Quelques-uns ont tiré l'étymologie de
Havre, du ſubſtantif (*Habulum*) qui eſt
un terme de la baſſe latinité, pour ſignifier
un port, dont on a fait dans le roman
le mot de hable, ou havle, & enfin havre.
Les payſans diſent encore, la ville du
Hable. Mais d'autres prétendent que le
mot *Havre*, ſe fait d'*Aber*, qui veut dire
un port, dans la langue Celtique.

Sur ce nom de Havre de Grace, les
Auteurs ſe ſont beaucoup embarraſſés
pour en déterminer l'origine; mais ils ont
fait une énigme d'une choſe très-claire, en
l'appellant en latin (*Portus Graſius* ou
Gracicus), ce qui ne découvre aucun
ſens. Voici tout naturellement d'où provient le ſurnom de *Grace*. Il y avoit ſur
le bord de la mer, avant la fondation de
la ville, une petite chapelle ſous l'invocation de Marie. Les mariniers ont une
grande confiance en la mere de Dieu,
qu'ils regardent comme leur étoile. Ainſi
au mot de Havre, qui veut dire port,
on joignit, pour le ſpécifier, le nom de la

chapelle, qui s'appelloit alors, comme
elle s'appelle encore aujourd'hui, Notre-
Dame de Grace : comme l'on diroit d'un
port où l'on invoqueroit la Sainte Vierge,
fous le titre de Notre - Dame de bon
Secours, ou de Notre-Dame de la Garde,
le port de la Garde, le Havre de bon
Secours. Il ne faut pas chercher plus loin
l'origine de cette dénomination. On
voulut avertir parlà qu'on avoit pour Protectrice fur ce rivage la mere de Dieu,
& la ville qui conferve ce nom, avertit
encore qu'on y eft toujours fous fa
fauve-garde.

1525. *Le Havre eft inondé.*

Cependant elle éprouva dès fa naiffance une affreufe défolation. A peine s'é-
levoit-elle du milieu des eaux, à peine
étoit-elle affife fur fes fondemens, que
la mer en courroux fembla vouloir tout
détruire. Au commencement de l'année
1525, remarquable aux François par la
prife du Roi devant Pavie, la nuit du 15
de Janvier, la mer fe déborda avec tant
de violence, qu'elle inonda toute la ville,
& noya prefque tous les habitans; c'eft ce
qu'on appella *la male marée.* Ce débor-

dement fut si vaste & si impétueux, qu'il
emporta jusqu'à vingt-huit navires pêcheurs, dans les fossés du château de
Graville. Ils y furent dépecés, n'ayant pu
être reconduits au port; & tous les ans,
à pareil jour, on fait mémoire de ce
triste évenement, par une haute Messe,
précédée d'une Procession qu'on faisoit
autrefois autour de la ville, & aujour-
d'hui seulement dans les cimetieres.

1528. *On continue de bâtir la Ville.*

Quelques années après, le Roi François I. donna le gouvernement du Havre, vacant par la mort du Chevalier de
Chillou, à Charles du Bec, Seigneur de
Bourry, qui fut, comme son prédécesseur,
vice-Amiral de France. Mais cette dignité,
de même que le gouvernement de la ville
du Havre, passa presqu'aussitôt dans les
mains de Charles de Moy, Seigneur de
la Mailleraye, qui eut ordre, ainsi que
l'avoit eû de Bourry, de continuer les
ouvrages de la ville. Il commanda dans
cette place jusqu'à l'année 1561, de maniere qu'il eut le tems de beaucoup avancer la construction des quais & des murailles, pour préserver des eaux un tel

rein très-bas , & qui avoit encore sans
doute avec la mer de secretes communications. Après ces travaux il se retira à
Paris, pour y mener une vie paisible.

Eglises.

Quant aux Eglises de la ville du Havre , les plaidoyers de 1586 , pour le
patronage , avancent que François I. fit
bâtir en 1531 , Notre-Dame , & Saint
François : mais l'Auteur des mémoires
dont j'ai parlé , ne rapporte la bâtisse de
Saint François, qu'au regne de Henri II.
Ce témoignage paroît être le meilleur ,
parce que le quartier des Bares , qui
comprenoit alors avec l'emplacement de
la citadelle toute la partie de Saint François , jusqu'au premier pont des Bares
(aujourd'hui le pont de communication
entre les deux quartiers) , ne prit la forme de ville , qu'après que le Roi se fut
approprié le domaine de toute la place
en 1541.

Pour l'Eglise de Notre-Dame , il est
manifeste par les titres de la cure , & par
des raisons de convenance , qu'elle a
de beaucoup précédé la fondation de la
ville. Ce n'étoit encore au moment de

cette fondation, qu'une petite chapelle
faite de bois, & couverte de chaume. Les
environs de l'endroit où elle est bâtie,
étoient alors tellement enfoncés, que
l'eau y pénétroit dans les grandes marées.
Les Prêtres qui y faisoient le Service
Divin, étoient obligés de monter sur des
bancs pendant la célébration des Saints
Mysteres, & les assistans s'en retournoient
à cheval, ou dans des bateaux. Cela obligea d'abord à hausser les quais qui n'é-
toient que de bois, & ensuite les rues.
Depuis on reconstruisit la chapelle avec
des piliers de pierre, & le pere de M. de
Maceille, qui en étoit principal Marguillier en 1536, en fit augmenter le
nombre. Elle fut encore aggrandie quelque tems après, de maniere qu'en l'année
1540, l'on commença d'élever une tour,
dont on posa la premiere pierre lorsqu'arriva dans cette ville Claude de Montmo-
renci, qui y commanda quelque tems en
l'absence du Seigneur de la Mailleraye.

1530. *Donations de François I.*

Insensiblement la ville se remplissoit.
Pour favoriser la population, le Roi
supprima par lettres patentes, la prévôté

de Leure & de Harfleur, au profit de la ville du Havre, & par ce moyen lui donna à perpétuité les droits de poids qu'il pouvoit exiger, tant au Havre qu'à Harfleur. Il lui donna aussi le droit d'ancrage depuis la ville jusqu'à Quillebœuf; la pêche de Leure & ses priviléges. Ces donations furent homologuées au Parlement de Rouen dans le mois de Mars de l'année suivante ; mais les citoyens par reconnoissance , s'obligerent eux-mêmes à payer au domaine de la Vicomté de Montivilliers, cent livres de rente, & de fournir à la décharge de Sa Majesté ; avec environ trois cens livres, neuf poches de sel de brouage aux Moines du Valasse, rendues chaque année à Harfleur, dans leur grenier à sel. Ces neuf pesées ont été réduites à vingt-deux minots, qu'on leur fournit au Havre.

Fermes.

La libéralité du Roi n'eut point de bornes. Il accorda aux citoyens du Havre, à perpétuité, pour l'embellissement, fortification, réparation, & autres besoins de cette nature, le revenu total des fermes publiques ; c'est-à-dire la ferme des vins, vendus & diftribués, même en détail, dans le pays ; la ferme des petites boiffons , comme le cidre , le poiré, la biére ; la ferme de la defcente du fer, & de toutes les boiffons; la ferme des harengs ; la ferme du poids-le-roi, tant du Havre, que de Harfleur; la ferme de l'ancrage des navires ; la ferme de l'aunage des draps & des toiles; la ferme du mefurage du bifcuit & du bled ; la ferme du mefurage du charbon de terre & de bois;la ferme de la boucherie;enfin la ferme de la pêche de Leure. L'adjudication de ces fermes fe faifoit le foir de la fête des Innocens, en l'hôtel de ville, dans la grande falle des affemblées, en préfence du Gouverneur, des Echevins , du Procureur du Roi, des Officiers compétans, & de tout le peuple ; & on les adjugeoit au plus offrant & dernier enchériffeur, qui les faifoit valoir au profit de la ville.

Elle n'en poffede plus aujourd'hui qu'une moitié,& le corps de ville régit par lui-même les fermes publiques , dont il eft comptable à la Chambre des comptes du Parlement de la Province. Sur le produit des octrois, il eft obligé de payer les Officiers & les charges de la ville ; le reſte eſt employé pour l'ornement ou les néceſſités qui peuvent ſurvenir. Il faut remarquer cependant que pour remplacer la ſouſtraction de la moitié du revenu de ces fermes, on leur a procuré une augmentation égale à cette partie, & c'eſt ce qu'on appelle *doublement*, ou nouveaux droits.

A ces premieres faveurs, le Roi en ajouta beaucoup d'autres. Il affranchit & déchargea ceux qui venoient habiter le Havre, des tailles, des aydes, & de tous les impôts qu'on auroit levés ou qui auroient pû ſe lever dans la ſuite, à condition toutefois qu'ils prendroient place dans la ville par fieffe, achat, ou échange, pour y bâtir leurs maiſons. Pour procéder avec plus d'ordre, ils alloient devant les Elus de Montivilliers ſe faire biffer du rôle de la paroiſſe qu'ils abandonnoient, & rendre compte de la ſomme qu'ils alloient employer à bâtir, car elle étoit fixée ſelon les circonſtances. Ils étoient reçus auſſitôt dans la nouvelle ville pour jouir des privileges, & le montant des tailles dont ils étoient affranchis, étoit repris ſur les autres de la même paroiſſe ; ce qui ſe faiſoit à deſſein de peupler tout d'un coup le Havre de Grace.

Ceux qui vinrent s'y établir, obtinrent encore ce privilége, qu'on ne pouvoit augmenter leurs tailles, pour le bien qu'ils possédoient dans leur ancienne demeure, de sorte qu'ils n'avoient qu'à produire un certificat en bonne forme, de leur résidence en cette ville, pour faire abolir aussitôt l'augmentation qui seroit survenue. Le Roi accorda de plus à tous les habitans le franc-sel, tant pour la provision particuliere de leur maison, que pour celle de leurs navires, & il fit venir de Harfleur au Havre trente Archers mortepaye, pour être les gardes du Gouverneur (le Seigneur de la Mailleraye.) Les gages de chaque Archer furent fixés à 60 liv, par an.

Outre ces exemptions de tailles, de taxes, d'aydes, & autres choses, François I. accorda à sa ville le privilege de deux foires franches par chaque année, & deux marchés francs qui se tiennent toutes les semaines, le mardi & le vendredi, où l'on peut apporter de dehors toutes sortes de marchandises, sans payer aucuns droits. Tous ces différens priviléges se sont accrus jusqu'à ce qu'ils ayent égalé ceux de la ville de Dieppe,

& on n'en connoît guères de plus beaux & de plus grands dans le Royaume. Mais les citoyens du Havre sont obligés à garder leur ville, sous la direction de leurs Officiers, & forment pour cela quatre compagnies, outre celles des vieux Soldats, qui font aussi le service. Cette garde des Bourgeois est aujourd'hui réduite à peu de chose, & les principaux postes sont gardés par ceux de la garnison.

Louis XV. le Bien-Aimé, dans la derniere charte, confirme en détail tous leurs priviléges, & toutes leurs franchises. « Nous confirmons, dit Sa Majesté, tous » les priviléges, jurisdictions, coutumes, » usages, libertés, droits, exemption » de tailles, d'aydes, & de droits de ga-» belle, & autres immunités, franchises, » dons & perceptions d'octrois, établis-» sement de foires franches, de marchés » francs; exemption de ban & arriere-ban, » de quatriéme, de taxe, & des droits de » francs-fiefs, & nouveaux acquêts, & » toutes les exemptions de subsides & sub-» ventions. » Il faut dire apparemment que la communauté a l'usufruit de tous ces privileges, car les Particuliers payent

les

les droits, & l'on trouve pour leur recou-
vrement en cette ville, une fourmilliere
de Commis qui y font leur devoir au
moins aussi bien que dans aucune autre.

1530. Dès l'année 1530, on voyoit
au-dessous de la grosse tour, du côté de
la mer, un commencement de jettée, &
quelques petites fortifications pour arrêter
le cours des flots.

1533. *Navire appellé la Grande Françoise.*

Mais ce qui fit connoître dans le pays
étranger le Havre de Grace, fut la construction de cet immense vaisseau, qu'on
appella le François, du nom du Roi, ou
comme on disoit alors, la Françoise. On
employa plusieurs années à le bâtir, &
le dessein du Roi étoit de l'envoyer au
levant, pour faire tête au Turc. Ce qui
peut faire conjecturer qu'on y travailloit
vers l'année 1533; & l'on en peut tirer
l'occasion du traité fait entre le Roi de
France & celui d'Angleterre, à Boulogne,
au mois d'Octobre 1532, où l'histoire apprend, que ces deux Princes agitant les
moyens d'arrêter le Turc, s'il continuoit
d'envahir le patrimoine des Chrétiens,
convinrent ensemble d'armer en commun

D

quatre-vingt mille hommes, pour témoigner leur zèle, & pour exciter les autres Puissances. (a)

Ce navire étoit d'une grandeur énorme, &, comme l'on dit, de plus deux mille tonneaux. Le P. Fournier Jésuite, fait mention de ce vaisseau dans son Hydrographie, (liv. I.) & rapporte que, » François I. par une espece de défi, » avec le Roi d'Angleterre, bâtit une » carraque, d'une proportion démesurée, » & la plus grande qu'on eût vue jusqu'alors » lors sur notre océan : mais qu'ayant » roulé en l'eau, elle demeura immobile, » aussi bien que celle de Henri VIII. « Avant le P. Fournier, Bourgueville dans ses antiquités de Neustrie, avoit dit » que » tout le monde venoit admirer la grande » Nef Françoise (le Navire), & qu'on » ne put la faire flotter pour gagner la » pleine mer, quoiqu'on y eût attaché

(a) Ce vaisseau n'étoit point destiné pour aller au secours des Chevaliers de Rhodes, comme écrit M. Dubocage. On ne l'équipoit qu'en l'année 1533, & l'Isle de Rhodes étoit conquise dès 1522. Il étoit commandé par le neveu du Grand-Maître, sur qui l'Isle avoit été conquise, le Chevalier de Villiers, dont M. Dubocage a fait Villars, par un second anachronisme.

» grand nombre de tonneaux vuides &
» autres vaisseaux. « Nous avons quelque
chose de plus circonstancié sur cette
masse prodigieuse, qui devint inutile,
après des frais incroyables. Un Gentilhomme de Bretagne, habile dans cet art,
fut chargé de bâtir ce vaisseau à la fosse
de Leure. C'étoit, comme j'ai dit, la
crique de Percanville, appellée encore
la crique de la Planchette, aux environs
du bastion des Capucins. On n'y employa
que des cloux de fonte. Le grand mast,
qu'on avoit formé de plusieurs piéces
unies ensemble, avoit de tour cinq ou six
brasses, & il portoit quatre hunes, sur
la plus haute desquelles un homme ne
paroissoit que comme un enfant. Il y avoit
dans ce navire un jeu de paume, une
forge, un moulin à vent, un édifice de
bois pour couvrir le tillac, le long des
sabords, depuis un bout jusqu'à l'autre.
Il avoit à sa poupe l'image d'un Phénix,
pour signifier que ce navire, dans sa grandeur & ses singularités, étoit l'unique au
monde. On voyoit au milieu une fort
belle chapelle de Saint François, en laquelle on faisoit l'aspersion de l'eau, & la
distribution du pain benit tous les di-

manches : les Gardes Italiennes y affif-
toient pour faire obferver l'ordre. Enfin
la proue étoit ornée d'une figure de Saint
François, qui fut mife enfuite dans l'E-
glife qu'on édifia fous fon invocation,
au quartier des Bares. On y joignit la
Salamandre qui fervoit de devife à François I. avec ces paroles (*nutrifco & ex-
tinguo.*) (*a*) Les vertus & qualités de
la Salamandre, vrayes ou fauffes, étoient
du goût de François I. ; on lui en faifoit
l'application, & la grandeur de fon courage l'excitoit merveilleufement à en
foutenir le caractere : il s'en faifoit honneur, les ayant adoptées au point qu'il
a laiffé pour armes à fa nouvelle ville,
l'image myftérieufe de cet animal. L'é-
cuffon eft un champ de gueule, chargé
d'une Salamandre d'argent, fur des flammes d'or ; au chef d'azur, chargé de fleurs

______

(*a*) Je m'y nourris & je l'éteins. *Nutrifco* eft
un mot forgé ; & le fens de cette devife, eft que
la Salamandre qui eft une efpece de Lézard,
réfifte à l'activité du feu, & même l'anéantit.
Mais cela n'eft vrai, tout au plus, qu'à l'égard
d'un feu médiocre ; car dès que la liqueur froide
qu'elle y jette, eft confumée, elle périt au milieu des flammes.

de lys d'or, arrangées horizontalement;
comme on les mettoit alors dans l'écuſſon
de France.

Il falloit faire ſortir du port cet énorme
navire. Le Roi députa pour le commander, le ſieur de Villiers, Chevalier de
Malthe, neveu du Grand Maître des
Chevaliers de Rhodes (Villiers de l'Iſle-
Adam), ſur qui Solyman, Soudan des
Turcs, avoit conquis cette Iſle en 1522.
Il ne put en deux grandes marées faire
avancer le vaiſſeau plus loin que l'extrêmité d'un petit mole qui ſuivoit la tour,
& il fut obligé de le laiſſer-là. Les Pilotes
du lieu furent chargés de le reconduire
au fond du port, vers l'endroit de la
grande bare, où il reſta immobile juſqu'au
14 du mois de Novembre, pendant la
nuit duquel il ſurvint une ſi affreuſe tempête, que les cables qui le retenoient,
s'étant lâchés, il ſe renverſa ſur le côté,
& ſe remplit d'eau à un tel point, qu'il
fut impoſſible de le relever. On le mit en
piéces, & de ſes débris on bâtit quantité
de maiſons, au quartier des Bares.

Il falloit être un peu prévenu pour s'i-
maginer qu'un tel navire pût ſervir à autre
choſe, qu'à faire, dans un port, l'éton-

nement de la curiosité ; pour ne pas voir que l'entretien de tant d'édifices, dans un seul, devoit être une dépense continuelle ; qu'il ne pouvoit être bon voilier, & que s'il n'eût pas fait naufrage dans le port, il l'auroit fait immanquablement deux pas plus loin ; ce qui eût été bien plus terrible ; ensorte qu'on regarderoit ce récit comme une fable, si le fait n'étoit attesté par les monumens de ce tems-là, & comme justifié par de semblables entreprises chez quelques anciens peuples. Il étoit d'une telle hauteur, que lorsqu'il vint à passer près de la tour, les premiers sabords se trouverent au niveau de cet ouvrage, & quelques mariniers sauterent dedans ; ce qui donna lieu par la suite à M. de la Mailleraye, Gouverneur de la ville, de faire exhausser cette tour, qui en effet étoit trop basse. Cette augmentation est sensible, & doit s'estimer depuis le cordon qui la partage.

1536. *Precautions contre les Flamans.*

On s'occupoit en même tems à mettre la ville en sûreté. La guerre s'étant rallumée entre le Roi de France & l'Empereur, le bruit courut que les Flamans

équipoient une flotte, pour descendre
au pays de Caux, & venir attaquer le
Havre de Grace, qui, par sa nouveauté,
n'avoit encore que peu de fortifications,
& à peine étoit fermé de murailles. Le
Capitaine de la ville pour prévenir le
danger, & mettre sa place à couvert de
l'insulte des ennemis, fit élever sur le
perré, près du port aux bateaux, trois
terrasses à quelque distance l'une de l'autre, & fit mettre sur chacun de ces forts,
trois piéces de canon. Ces précautions
furent inutiles, car la flotte qu'on appréhendoit, s'arrêta en Picardie. Mais il
parut une autre flotte de navires François
chargés de sel, qui causerent une terrible
allarme. M. de la Mailleraye en ayant été
averti par le Guet de Sainte Adresse,
envoya faire sonner le tocsin sur le champ
par toutes les paroisses, jusqu'à Gaude-
bec. A ce bruit effrayant s'assemblerent
au Havre plus de quinze mille hommes,
tant nobles que paysans, dès le soir de la
même journée, pour prendre les ordres
du Gouverneur. On les congédia dès
qu'on eut découvert quelle étoit cette
flotte.

Le Roi d'Ecoffe arrive au Havre.

1536. Cette même année Jacques V. Roi d'Ecoffe, dans la vue de refferrer de plus en plus les nœuds de l'ancienne alliance de fa Couronne avec celle de France, defcendit au Havre de Grace avec plufieurs galions, accompagné d'un grand nombre de Seigneurs, pour amener au Roi un renfort de feize mille hommes, fans qu'il en eût été requis, & feulement fur le bruit de l'irruption de l'Empereur. Ce ne fut qu'après avoir effuyé les plus horribles tempêtes, & couru les plus grands dangers, qu'il arriva en ce port. Le Roi de France trouva cette action fi belle & fi généreufe, qu'il donna à ce Prince pour époufe, Madeleine fa fille aînée. La Princeffe étant morte dans la même année, Jacques Stuart époufa en fecondes nôces Marie de Lorraine, fille de Claude, premier Duc de Guife, & veuve de Louis d'Orleans, Duc de Longueville. Ce fut au Havre que ce Prince voulut fe rembarquer pour retourner en fon pays, emmenant avec lui deux hommes de chaque métier, & les inftrumens propres à la culture des terres. Le pays d'Ecoffe d'Ecoſſe étoit mal dreſſé, & avoit beſoin du ſecours des arts pour bien des choſes. Ces Artiſtes dont le Roi de France faiſoit préſent au Roi d'Ecoſſe, parurent au Havre habillés de diverſes couleurs, & partirent avec leurs femmes & leurs enfans pour ce royaume.

1541. *Le Roi ſaiſit en ſa main le territoire de la ville du Havre.*

Le Fondateur du Havre réſolut enfin de s'approprier le territoire de la ville, pour être l'unique Seigneur de cette place importante, & ſupprima, avec tous les droits, les rentes qu'en percevoit le Seigneur de Graville. Enſuite il augmenta la ville, c'eſt-à-dire il fit bâtir dans le quartier des Barès, qui étant juſqu'alors peu habité, n'en étoit, à proprement parler, que le fauxbourg. Il paroît cependant qu'il étoit clos du côté de Leure, où il y avoit une porte avec un pont qui menoit à ce village. Ce quartier comprenoit l'emplacement de la citadelle, comme on a déja dit, & s'appelloit le quartier des Barès, parce qu'il avoit quantité de foſſes, ou d'intervalles profonds où venoit ſe jetter le flux de la mer. On avoit

E

pratiqué fur toutes ces criques des ponts pour les traverfer.

Les barres ou barriéres dont quelques-uns accompagnent ces ponts pour la fûreté des paffans, font de leur feule imagination. L'Auteur des mémoires écrit toujours bares, quoique dans le fens même où je prends ce mot, on puiffe auffi l'écrire d'une autre maniere. La notion commune de bare, n'eft autre chofe qu'un canal entre deux terres, où le flux de la mer fe jette en arrivant, & qu'il abandonne, quand les eaux baiffent. C'eft en latin (*æftuarium.*) Dans ce fens très-naturel, le quartier aura pris fon nom de la chofe principale, au lieu que dans le fens de barrieres, il ne l'auroit pris que de l'acceffoire. C'eft de cette façon d'entendre les bares, comme je les explique, qu'on appelle encore ainfi dans ce pays, les lieux où l'on fait entrer les eaux de la mer, qu'on lâche enfuite avec impétuofité dans le port, afin de le nettoyer, quand la mer eft baffe.

Cette augmentation de la ville fut peuplée par une partie des habitans des paroiffes de la Vicomté de Caudebec, & de celle de Montivilliers, qui étoient

attirés au Havre par les nombreux priviléges. Jerôme Bellarmato., Gentilhomme Italien, fut chargé d'en fieffer
les places, & d'en alligner les rues. On
ne peut savoir quelle fut la distribution
de celles qui formoient la partie du quartier des Bares, au midi de la crique ;
elles ne subsistent plus. Mais pour celles
de la partie qui regardoit le nord, endeçà
de la crique, (c'est aujourd'hui le quartier de Saint François) on peut dire que
cet Ingénieur y réussit parfaitement ;
cette distribution étant beaucoup plus
belle & plus réguliere que celle du quartier de Notre-Dame. Il avoit eu le dessein de pratiquer sous ces rues des aque-
ducs à la maniere d'Italie., pour conduire au port les eaux superflues ; cela ne
fut point exécuté ; mais on y est revenu
par la suite, & l'on a fait des égoûts sou-
terreins, qui ont dans les carrefours une
ouverture pour recevoir les immondices.
Il arriva pendant qu'on allignoit les rues,
un accident qui se renouvella plusieurs
fois dans la suite : le feu consuma deux
grandes galeres près de la pointe Cave-
lier, la Réale & une autre, qui appartenoient au Roi. Toutes deux chargées

d'une quantité d'artillerie de fonte, étoient prêtes à partir.

Voilà donc le Havre, par cette augmentation, composé de deux grands quartiers, le quartier de Notre-Dame, & le quartier des Bares. Mais il y avoit dans l'enceinte de la ville un troisiéme quartier, dit de Percanville, qui avoit été démembré du fief de Leure, au-dessus du bastion des Capucins. Il étoit bordé de la grande crique, qui le divisoit d'avec la partie du quartier des Bares la moins peuplée, où est aujourd'hui la citadelle. Ce nombre de trois quartiers est certain, par une tradition expliquée au Havre au sujet des fieffes en 1604, & par les ruines qui subsistent encore. Ceux qui expliquerent cette tradition, pouvoient fort bien avoir vû la premiere enceinte, puisque la diminution ne s'en étoit faite, comme on verra, qu'en 1551, sous le regne de Henri II. Selon le témoignage de ces anciens, ces trois quartiers ne furent fermés d'abord que par un fossé, ils furent peuplés successivement, & le quartier de Percanville ayant été retranché totalement, avec la moitié du quartier des Bares sous Henri II, les mai-

funs en fubfifterent encore jufqu'au fiége
de la ville, après lequel on les démolit,
à l'exception d'un grand manoir, dont
les Gouverneurs firent un lieu de plai-
fance. Pour celles du quartier des Bares,
elles ont fubfifté jufqu'à la fondation de
la feconde citadelle. M. de Maceille ne
contredit point cette tradition de trois
quartiers, puifqu'il dit formellement
que le Roi Charles IX. fieffa à M. de
Sarlabos, Gouverneur, trente-quatre
acres du retranchement de la ville. C'é-
toit fans doute la ferme de Percanville,
puifqu'on voyoit encore en 1688, les
armoiries de ce Seigneur fur la principale
porte.

1544. *On équipe une grande flotte au Havre de Grace.*

Le Roi d'Angleterre Henri VIII,
étoit irrité que la France eût renouvellé
fon alliance avec l'Ecoffe. Pour s'en ven-
ger, il rompit avec le Roi, & fe rac-
commoda avec l'Empereur au commencement de l'année 1543. François I.
appréhendant les fuites de cette réunion,
& voyant que l'Anglois s'étoit déja emparé de Boulogne, réfolut, au mois de

Janvier de l'année suivante, d'équiper dans son Havre une grande flotte. Afin d'assembler cette armée navale qu'il vouloit opposer aux Anglois, il fit partir pour la Provence le Baron de la Garde, avec ordre de lui amener vingt-cinq ou vingt-six galeres de la Méditerranée, en la mer Océane, & huit ou dix carraques Génoises. Mais les carraques arriverent trop tard pour être utiles, & il s'en perdit plusieurs à l'embouchure de la Seine, faute de Pilotes qui connussent le pays. Le reste de la flotte consistoit en cent cinquante gros vaisseaux ronds, & soixante flouïns qui furent assemblés dans les meilleurs ports de la côte de Normandie, c'est-à-dire, Honfleur, Harfleur, Dieppe, &c. Mais le Roi voulut que l'embarquement des Gens de guerre se fît au Havre, où étoit la réunion de tous les navires, pour aller dans le même ordre & sous la conduite du même Chef, l'Amiral d'Annebaut. Le Roi s'y rendit de bonne heure, & vit arriver les galeres. Cet armement fut prêt au commencement de Juillet 1545, & la flotte sortit du port le 6 de ce mois, pour gagner la rade, composée de tant

de navires grands & petits, que la mer
en fut couverte jufqu'à plus d'une lieuë.
On l'appella la grande Armée, & c'étoit
la plus belle qu'on eût encore vûe fur
cette mer.

Pour la contempler à fon aife, le Roi
monta fur le chef de Caux, où l'on avoit
fait un cabinet de verdure qui pût le
garantir des ardeurs du foleil. Mais quelques Ramberges ennemies s'étant appro-
chées de la côte, tirerent auffitôt vers
la feüillée plufieurs volées de canon. Le
Roi fe retira dans la ville, & après quelque tems de féjour, il fe rendit à la flotte.
Mais un accident terrible altéra bientôt la
joie qu'il avoit du bel ordre de cette
armée. Il donnoit aux Dames de fa
Cour un magnifique régal dans le vaiffeau qu'on appelloit le Philippe. Cette
carraque, comme on difoit alors, étoit
le plus beau navire & le meilleur voilier
de notre Océan, du port de 1200 tonneaux, armé de 100 groffes piéces d'artillerie de bronze. Philippe Chabot,
Amiral, l'avoit fait conftruire au Havre
de Grace, pour en faire préfent à Sa
Majefté. Tandis qu'on fe livroit à la
joie avec un peu trop de chaleur, les

Cuisiniers firent si grand feu, qu'il prit au navire, & l'embrasement fut tout d'un coup si considérable, qu'il ne fut pas possible de l'éteindre. Ainsi le Roi, l'Amiral, le Capitaine Mormoulins, la Noblesse, & l'équipage, descendirent dans les galeres. Cependant pour éviter les maux que pouvoit faire l'artillerie, lorsque le feu viendroit à l'atteindre, l'Amiral fit remorquer le Carraquon par les galeres qui le menerent à la fosse du Hoc, une lieue au-dessus du Havre. Mais comme ceux qui étoient restés dedans, se jettoient en foule dans les petits bateaux qui étoient à sa suite, ils les firent plonger, & périrent tous avec de grandes richesses. Peu s'en fallut que l'argent du Roi ne restât au milieu des flammes qui se communiquerent enfin aux trois rangs de batterie. Il se fit alors un si grand fracas, que tout ce qui étoit aux environs, fut mis en piéces. Il ne resta du vaisseau que la quille, & l'on regarda cet évenement comme un mauvais augure pour l'entreprise.

La flotte arrive devant l'Angleterre.

Cependant l'Amiral monta sur la

Maîtreſſe, ſecond navire de la flotte, commandé par M. de la Mailleraye, Vice-Amiral & Gouverneur du Havre. On leva les ancres quelques jours après, & l'on fit voile du côté d'Angleterre. Mais on fut obligé de renvoyer au port le navire la Maîtréſſe, parce qu'ayant touché au ſortir de Honfleur, il faiſoit eau de tous côtés. On avoit deſſein de livrer bataille, & ſelon le ſuccès, de faire des deſcentes dans le pays; mais ce grand armement ne fit preſqu'aucune choſe. Quelques Officiers mirent pied à terre, particulierement le Chevalier d'Aux, Capitaine des Galeres de Normandie, homme très-exprimenté dans les armes, & qui fut tué par les ſoldats d'une Garniſon (a). Le gros de la flotte tourna du côté de Portſmouth, où étoit celle des Anglois. Pour l'attirer au large, nos galeres commencerent à eſcarmoucher, & à la faveur du calme de la mer, fatiguerent extrêmement les vaiſſeaux Anglois, qui faute de vent demeuroient ſous les coups de notre artillerie. Ainſi

(a) On rapporta ſon corps dans un cercueil de plomb, & il fut inhumé dans une des Chapelles de l'Egliſe d'Harfleur.

la Marie-Roze, un de leurs principaux navires, fut coulée à fond avec perte de plus de cinq cens hommes. Le vaisseau de l'Amiral alloit subir le même fort, mais il fut secouru par d'autres navires, & le tems qui vint à changer, arrêta le cours de cette victoire. Ne pouvant point les obliger à une action générale, on tourna vers l'Isle de Wigth, où descendit l'Amiral avec quelques troupes ; mais il se contenta de ravager la côte, sous les yeux mêmes du Roi présent à Portsmouth, & dans la crainte des embûches, il revint à la flotte.

Cependant le but de cette armée, étant de combattré en pleine mer, & d'empêcher les Anglois de secourir Boulogne, on retourna du côté de la Picardie dans le dessein de bloquer cette place. A peine eut-on gagné la rade, qu'il s'éleve un vent d'ouest qui contraint la flotte de s'écarter vers l'Angleterre. Les ennemis que ce vent favorise, abordent à pleines voiles avec environ cent navires. Mais le lendemain le vent s'appaise, & les uns & les autres voulant prendre le dessus, font réciproquement une décharge d'artillerie. Enfin nos vaisseaux aidés par les courans, ont tout l'avantage. L'Anglois le voit & regagne son isle, où nos vaisseaux le chassent, & où le porte la marée. L'Amiral François fit route aussitôt vers le Havre de Grace, pour rafraîchir ses troupes & mettre à terre grand nombre de malades. Ensuite il s'embarqua sur une galere pour aller à Arques joindre le Roi. Cette expédition navale fut la seule de ce regne, & l'on retira du moins de cette grande dépense un accord de paix qui fut conclu le 7 de Juin 1546 ; & rompu presqu'aussitôt par la mort des deux Rois, arrivée au commencement de l'année suivante.

François I. fut un Prince vaillant & magnanime, qui eut toutes les qualités qu'on peut souhaiter dans un grand Roi. Il honora les Sçavans, mérita le glorieux titre de Restaurateur des Lettres ; aima ses Sujets, & combla de faveurs sa ville du Havre.

HENRI II.

1548. Henri II. fils & successeur de François I. également affectionné à la ville du Havre, pour premier bienfait, en fit paver les rues, dont les ordures &

les eaux croupiſſantes, outre l'incommodité pour les paſſans, avoient cauſé dans le
pays pluſieurs maladies, & même la peſte.
Ce fut en 1548 que s'en fit le pavement,
ſous l'inſpection du Comte de Refuge,
qui le fit achever dans le courant de la
même année.

1549. *Le Roi vient au Havre avec la Reine.*

L'année ſuivante, le Roi & la Reine
firent leur entrée au Havre dans le mois
d'Octobre. Henri II. revenoit de devant
Boulogne qu'on avoit bloqué par mer &
par terre. On aſſembla huit cens jeunes
hommes d'élite, qu'on revêtit d'habits
noirs chamarrés de blanc, (cette bigar-
rure plaiſoit au Roi) pour aller au-devant
de Leurs Majeſtés. Ils étoient conduits
par deux Officiers de la ville, précédés
de drapeaux noirs & blancs, & munis d'ar-
quebuſes pour faire une décharge. Le Roi
les reçut avec bonté & même avec joie,
& s'avança juſqu'à la porte du Perré, où
M. de la Mailleraye l'attendoit à cheval.
Ce Gouverneur lui ayant préſenté à genoux les clefs de la ville dans une bourſe
de velours, le Roi les toucha, & les

rendit auſſitôt. Après la harangue qui lui fut faite, on le conduiſit à l'Hôtel de Ville ſous un poële de velours porté par les Notables, & il y fut ſuivi de la Reine, qui s'avança ſous un dais de diverſes couleurs, que portoient les Elûs de la ville.

Pour divertir le Roi pendant ſon ſéjour, on lui éleva deux grandes butes où il s'exerçoit à tirer de l'arc avec les Princes. Comme il tiroit le dernier, & qu'on couroit en foule du côté des butes pour y voir l'effet du coup, il bleſſa à l'épaule un Capitaine Allemand, ce qui lui fit beaucoup de peine. Tandis qu'on étoit fort animé, le troiſiéme jour, à cet exercice, le coup de canon d'un vaiſſeau qui arrivoit à la rade, fit quitter la partie. Le Roi, ſuivi des Seigneurs, courut auſſitôt ſur la jettée pour le voir entrer, & ſe fit apporter des manteaux & des robbes fourrées pour ſe garantir des vagues. Mais cette précaution fut aſſez inutile ; car comme ils voltigeoient ſans ceſſe d'un bout de la digue à l'autre, la mer impetueuſe qui s'élançoit deſſus, les mouilla tellement, que le Roi ſe plaignit de l'incommodité de ce lieu, ajoutant qu'il craignoit que les Habitans ne fuſſent encore une fois ſubmergés, & il s'en informoit en plaiſantant, toutes les fois qu'il voyoit à la Cour le Syndic de la ville.

La Reine d'Ecoſſe arrive au Havre.

Quelque tems après ce voyage du Roi, arriva dans ce port la Reine douairiere d'Ecoſſe, avec grand nombre de Seigneurs & de Dames qui s'étoient embarqués dans la galere de Leon Strozzi, Chevalier de Malthe, qui avoit amené en France, une année auparavant, la jeune Reine d'Ecoſſe Marie Stuart. On fut la recevoir à ſon débarquement, & on la conduiſit à l'Hôtel-de-Ville. Elle partit dès le lendemain pour ſe rendre à la Cour, & elle y fut conduite par les Cardinaux de Lorraine & de Guiſe, le Duc de Guiſe, & autres Princes de ſon Sang qui l'étoient venus joindre à deux lieuës du Havre.

Leon Strozzi, qu'on appelloit le Prieur de Capoue, étoit parti du Havre avec une armée qui avoit eu ſur les Anglois pluſieurs avantages dans un combat.

1551-2. *Jurisdictions du Havre de Grace.*

En l'année 1551, nouveau style 1552, le Roi accorda à la ville du Havre de nouvelles faveurs qui s'accrurent encore les années suivantes. A la requête des Habitans de la ville, le Roi y créa des jurisdictions de toute espece, tant au civil, qu'au criminel; 1°. de Bailliage & de Vicomté, avec les mêmes droits précisément & les mêmes prérogatives que celles de la ville de Montivilliers. Par un Edit du mois de Février donné à Villers-Cotterets, l'on démembra de son ressort six Paroisses voisines du Havre, pour les soumettre à cette nouvelle justice; sçavoir, Ingoville, Saint Denys chef de Caux, Bléville, Grayille, Sanvic, & Leure.

Montivilliers par cet Edit ne conserve ni droit, ni autorité sur ces nouveaux siéges qui n'ont plus avec lui rien de commun, les appels se relevant au Présidial de Caudebec, pour les causes de peu de frais, & pour les causes majeures, au Parlement de Rouen. Les six Paroisses sont tenues d'y venir plaider pour toutes sortes de causes, avec cette différence,

qu'Ingoville, Sanvic, & Graville, qui ont
pour Juge le Bailly-Vicomtal de Graville en premiere inſtance, ne vont que
par appel au Bailliage Royal du Havre
de Grace. La juriſdiction pour les cauſes
de la taille des mêmes Paroiſſes fut auſſi
donnée à la ville du Havre. Mais les Elûs
de la Vicomté de Montivilliers étoient
obligés de venir l'y exercer. Cependant
on ne les y a jamais contraints, dans la
crainte que cet exercice ne devînt préju-
diciable aux franchiſes du lieu. Les lettres
patentes de ces érections furent enregiſ-
trées au Parlement de Rouen, & ſelon
leur adreſſe à Montivilliers; & les premieres aſſiſes des Juges du Havre furent
marquées au 23 de Septembre de l'année
qui ſuivit leur établiſſement. Maître Robert Hacquet fut pourvû par le Roi de la
Charge de Lieutenant du grand Bailly de
Caux, qu'il exerça juſqu'à l'année 1561.
Alors ayant été aſſaſſiné par des voleurs,
en revenant de la Cour, l'Office vacqua
juſqu'à l'année 1572, où Polidamas ſon
fils aîné en fut revêtu.

    1556, Le Roi établit encore un ſiége
d'Amirauté, & un Lieutenant pour en
exercer la juriſdiction; & de plus un Procureur,

cureur du Roi, qui feroit affocié & uni
avec tous ces Juges. Pierre Defchamps,
Procureur du Roi aux fiéges de Montivilliers & du Havre, réfigna à M. de Maceille la branche de cet office, pour les
fiéges du Havre. Ils avoient obtenu un
Arrêt du Confeil pour en faire le partage, & rendre cette charge héréditaire :
les lettres de provifion furent inférées au
Havre dans les regiftres, par acte des
Affifes, le 28 de Septembre 1556. Il
paroît donc qu'il n'y eut alors qu'un feul
Procureur du Roi pour toutes les jurifdictions de la ville du Havre, mais par la
fuite on augmenta le nombre de leurs
Officiers, comme nous allons le faire
voir.

Les jurifdictions que nous venons
d'expliquer, s'exerçoient comme aujour-
d'hui le mardi & le vendredi, dans un
grand bâtiment qu'on appelle le Prétoire, dont la partie baffe fervoit alors de
boucherie & de halle, & ne fut enfuite
employée qu'à garder la toile & le lin,
la halle ayant été tranfportée ailleurs. On
ferroit auffi dans la partie haute le furplus
des bleds, du vin, du fel, & des autres
provifions qu'achetoit la ville. Mais la

chambre du Conseil fut dès les commencemens ornée de grands tableaux, par les soins de Polidamas Hacquet, Juge du Bailliage. Ce Prétoire qui étoit informe & caduque, a été démoli ces dernieres années, & l'on a construit un édifice en pierres de taille, qui fait une belle perspective à la tête du marché.

Le corps de ville a été composé pendant quelque tems d'un Maire & de quatre Echevins. Mais la ville a acheté la charge du Maire, & ce sont maintenant les quatre Echevins qui l'exercent ensemble. Ainsi la police qui des Echevins avoit passé au Bailliage, est revenue en partie à l'Hôtel de ville par un accommodement avec le Juge qui l'avoit acquise; & les Echevins sont Lieutenans généraux de cette police qui se tient tous les samedis matin dans une salle séparée au Prétoire, & dont on n'appelle pour les choses de quelque importance, qu'au Parlement de la province.

Officiers de la ville du Havre.

On peut compter parmi les différens Officiers de la ville, le Gouverneur, un Lieutenant Général pour la province du

Havre, & un Lieutenant de Roi pour les ville & citadelle, qui n'a été créé, dit-on, qu'en l'année 1692. Autrefois le Gouverneur de cette place n'avoit qu'un Lieutenant Particulier, qu'il choisissoit lui-même avec l'agrément de la Cour. On peut compter quatre Echevins, le Procureur-Syndic, le Greffier, les douze Quarteniers. Dans le Bailliage un Lieutenant Civil & Criminel, deux Conseillers-Assesseurs, un Procureur du Roi, deux Avocats du Roi, un Greffier en titre. Il y avoit pour la Vicomté, le Vicomte, un Lieutenant Général, un Lieutenant Particulier, un Procureur du Roi, deux Avocats du Roi, un Greffier en titre. Cette jurisdiction a été réunie au Bailliage en l'année 1742. En l'Amirauté un Lieutenant Général, un Lieutenant Particulier, un Procureur du Roi, un Avocat du Roi, & un Greffier en titre. Le Greffe est à M. l'Amiral qui y commet, & on appelle à la Table de Marbre du Palais de Rouen, & de-là au Parlement de la même ville; de plus, des Sergens Royaux & des Gardes pour les différens siéges. Dans la jurisdiction de grenier à sel, un Président, un Procureur du Roi, un Contrôleur, un

Receveur, deux Mesureurs, un Greffier en titre, & quelques Sergens. Il paroît par une ancienne Requête des Marguilliers de Notre-Dame aux Officiers de cette jurisdiction (qui n'avoit alors qu'un Grainetier & un Contrôleur), qu'elle étoit établie dès l'année 1569; d'autres la font encore plus ancienne, & prétendent que c'est à raison de sa plus grande ancienneté, que ses Officiers veulent avoir le pas sur ceux de l'Amirauté dans les cérémonies; mais comme cette ancienneté surpasseroit celle de toutes les jurisdictions de la ville du Havre, je ne vois pas pourquoi elle ne dispute aussi le pas aux autres jurisdictions.

On peut compter encore le Gouverneur ou Commandant de la grosse Tour, subordonné au Gouverneur de la ville, & qui a brevet du Roi. Il peut même donner le mot, quand le pont de la Tour est levé. On peut compter les Officiers d'une Compagnie privilégiée, un grand Major, deux Majors ou Aides-Majors, un pour la ville, l'autre pour la citadelle; le Capitaine des Portes, le Porte-clefs, quatre Compagnies de Bourgeois, dont il y a quatre Capitaines; quatre Lieute-

nans, quatre Enseignes. Ils font en exercice pendant douze ans ; mais il en fort
un chaque année, le plus ancien Capitaine, & l'on prend un nouveau Sujet,
qui devient le dernier Enseigne. Il y a des
gages & des privileges pour cette Milice ; mais les Offices de Quartenier
étoient autrefois des Charges ; la ville les
a remboursées, & depuis ce tems, les
Echevins font Colonels des troupes
Bourgeoises, & les drapeaux font portés
à l'Hôtel de Ville . . . . Il y a au
Havre un Lieutenant des Maréchaux de
France : il y a aussi quelquefois des troupes reglées. Pour les traites foraines dans
le Bureau de la Douane ou Romaine, il
y a un Juge, un Procureur du Roi, un
Greffier : les appellations, comme celles
du grenier à sel, à la Cour des Aydes
de Rouen : Enfin, il y a les Officiers du
Poids-le-Roi, dont les droits font à M. le
Prince de Condé. Il y avoit autrefois un
Contrôleur des deniers communs, qui
percevoit six deniers par livre fur la valeur des fermes de la ville. Robert Hacquet fut pourvû de cet office ou bénéfice en 1551, & Etienne Geffrey en
1570 ; mais on le supprima bientôt, & on

attribua les six deniers aux Eglises de la ville ; cet office revit sans doute dans celui du Receveur des deniers patrimoniaux & d'octroi.

Et pour ne plus reprendre cette nomenclature, la marine a eu aussi grand nombre d'Officiers ; un Intendant, un Commissaire, un Contrôleur, un Trésorier, &c., un Capitaine & un Lieutenant de Port, des Chefs d'Escadre, & même des Lieutenans Généraux pour commander la marine, quantité d'autres Officiers de département pour les vaisseaux du Roi, grand nombre pour les Soldats de marine, des Ingénieurs & des Officiers d'artillerie. Enfin, un Maître de Quai pour ranger les vaisseaux dans le Port Marchand.

Dénombrement des fieffes.

Dans l'intervalle de ces créations d'offices pour le Havre, le Roi voulant avoir un nouvel état des fieffes de la ville, en adressa la commission à M. de la Mailleraye, à l'Avocat du Roi au siége de Montivilliers, & à Robert Hacquet, alors Contrôleur des deniers de la ville, qui fiefferent de nouveau au profit du Roi toutes les places, felon la grandeur des rues & la fituation des quartiers, après que les Bourgeois eurent fait une déclaration, tant de celles qu'ils avoient eues de leurs peres, que de celles qu'ils avoient acquifes, ou prifes eux-mêmes au nouveau quartier des Bares. Cette révifion ne fe fit point pour dépoffeder perfonne, mais pour avoir un dénombremeut exact, & fçavoir au jufte à combien fe montoient les rentes feigneuriales. L'on trouva 534 places fieffées dans le quartier de Notre-Dame, dont l'évaluation revenoit à la fomme de 69 liv. 9 f. 5 den. de rente annuelle, en y comprenant la place d'armes avec l'Hôtel de Ville, & la place du marché dit de Cannibale, ou des Cannibales, qui appartenoient toutes deux à la Communauté : la premiere fixée à 16 fols 4 d. & la feconde, à 46 f. 1 d. de rente. De tout cela, Robert Hacquet tint regiftre, & on en délivra deux exemplaires, dont l'un fut envoyé à Paris, en la Chambre des comptes ; & l'autre au Receveur du Domaine à Montivilliers, pour recueillir les arrérages. La ville a acquitté dans la fuite pour toujours ces fieffes au Duc de Villars, à qui le Roi permettoit de les recevoir.

1551. Diminution de la ville du Havre.

Environ ce tems-là, soit que les Habitans ne se fussent pas assez multipliés dans la ville du Havre, soit qu'il parût trop difficile ou trop dispendieux, d'en entretenir les fortifications, le Roi Henri II. fit retrancher plus de la moitié de son enceinte, & en sépara, outre le quartier de Percanville tout entier, une grande partie de celui des Bares, depuis la porte de Leure jusqu'aux environs de la jettée du sud où finissoit cette partie; c'est-à-dire, tout l'espace en-delà des chemins couverts de la citadelle, depuis le fer à cheval de la grande bare & même au-dessus, jusqu'au fer à cheval qui regarde la pointe. Ce retranchement n'étoit encore fermé en 1594, que par un mur de terre, & par cette séparation, l'ancienne crique qui faisoit un détour vers l'endroit du quartier des Bares où la jettée du sud-est lui servoit de clôture, pour se rendre à la mer entre les deux digues, se trouva hors du port & du sein de la ville. C'est cette premiere disposition qu'on

qu'on doit appeller l'ancien Havre. Les
ruines nombreuses que l'on trouvoit autrefois dans la partie des Bares où est
aujourd'hui la citadelle, étoient sans
doute le reste des quais ou des murailles qui regnoient le long de la crique;
& le grand fort de Leure que releverent
les Anglois, lorsqu'ils eurent le Havre,
& dont on voit encore quelque vestige,
ne pouvoit être qu'une fortification destinée à couvrir la porte de Leure, & la
tête de cette crique. Voilà les conjectures qui m'ont paru les plus naturelles
& les plus raisonnables à l'égard de l'ancienne forme de la ville, sur laquelle on
ne nous a rien laissé de clair ni de précis, tandis qu'on s'étend sur des choses
qui n'intéressent pas la curiosité. Nous
ne pouvons pareillement assurer en quel
tems on forma le second bras du port
qui divise à présent la ville. Peut-être
perfectionna-t-on alors cette ligne; car
il paroît quelques années après, qu'il y
avoit aussi un petit bassin au-delà du
pont, où les vaisseaux se retiroient après
leurs voyages. On y voyoit de chaque
côté quelques cases, que la ville louoit
à son profit, & elles ont subsisté jusqu'à

ce qu'on ait fait très-long-tems après;
d'un côté, un petit cours pour la promenade; & de l'autre, un corps de garde
pour les Soldats de marine.

Vaisseaux du Roi dans le port du Havre.

Ce fut au reste dans ce port assez grand,
des plus beaux & des plus commodes de
la France, que l'on équipa dès les premiers tems toutes les flottes, soit pour
nos intérêts contre l'Angleterre, soit
en faveur de l'Ecosse, soit pour tout
autre dessein. Les vaisseaux de Roi &
les autres de quelque importance, y
furent toujours construits & armés:
Henri II. y tenoit ordinairement douze
grands vaisseaux pour défendre & tenir
en sûreté la côte de Normandie; de
manière que le Baron de la Garde, Général des Galeres, en deux voyages qu'il
fit avec ces vaisseaux pendant la guerre
qui s'étoit renouvellée entre la France
& l'Empire, eut le bonheur (1553) de
prendre trente-six navires Flamands, fort
richement chargés, qu'il amena au Havre
de Grace, & dont il fit vendre les marchandises pendant trois mois consécu-
tifs. Cette même année mourut l'Ami-

ral d'Annebaut, qui eut pour successeur
dans cette grande charge, Gaspard de
Coligny-Châtillon, qui fut dans la suite
Gouverneur du Havre de Grace, le Chef
& comme l'ame des Protestans de ce
Royaume.

Ecluses.

M. de la Mailleraye qui commandoit
encore alors dans la ville du Havre, fit
faire deux écluses ; l'une, dans le massif de
la jettée du nord, au-dessous de la grosse
tour, & l'autre, auprès du boulevard de
S. Michel ou de la Musique, pour nettoyer le bassin & le port, André de
Brancas, connu depuis sous le nom de
l'Amiral de Villars, de la Maison d'Oyse
en Provence, en fit faire une troisiéme
sur la jettée du sud, auprès d'une tour
qu'on appella de son nom, la tour d'Oyse.
On a détruit cette tour, & augmenté
l'écluse.

Fontaines.

On ne négligea point dans cette ville
une chose essentielle, l'introduction des
plus belles eaux que fournissoit le voi-
sinage. Il y avoit dès ce tems-là les

fontaines du marché, de la place d'armes, du quartier des Bares où defcendoit l'eau de Trigauville par un long canal; celles du vivier, du cimetiere de No-tre-Dame, & de la groffe tour. Le Sei-gneur du demi-fief de Vitanval affis fur la Paroiffe de chef de Caux, qu'on ap-pelle Sainte Adreffe, parce qu'elle guide les vaiffeaux qui cherchent la rade, s'étant plaint que le détour des eaux pour les fontaines du Havre, empêchoit d'aller fon moulin à eau, les Bourgeois s'unirent pour le dédommager par une grande fomme. Sur le penchant de la Fa-laife qui eft ruinée, on voit quelques reftes que ceux du pays m'ont dit être, felon la tradition de leurs peres, des mor-ceaux de cet ancien moulin.

Fortifications.

On peut remarquer ici qu'il y avoit alors, outre les trois portes d'Ingoville, du Perré & de Leure, plufieurs boule-vards autour de la place; fçavoir, le baftion de Sainte Adreffe, qu'on ap-pelloit le grand baftion; le baftion de Sainte Croix ou de la Mufique, à caufe de l'écho qu'on y entend; le baftion de l'Hôpital, à préfent des Capucins, que peut-être le Roi fit conftruire, après avoir fixé l'étendue de la place ; un boulevard près de la fontaine des Bares & de la porte de Leure, & un autre boulevard entre la porte de Leure & la jettée du fud aux environs de la tour d'Oyfe, qui doit être certainement cet ouvrage, qu'on appelle fer à cheval ; mais le précédent ne peut être le fer à cheval qu'on voit aujourd'hui dans le baffin de la grande Bare, ce baffin n'exiftant point alors. Peut-être étoit-ce une fortification à l'endroit du retranchement de l'ancienne ville. Enfin, il y avoit la terraffe qui joignoit la tour & la muraille des Perrés.

Eglife de Saint François.

François I. avoit aggrandi, ou plutôt rebâti l'Eglife de Nôtre-Dame. Henri II. fon fils, fit conftruire en mémoire du fondateur de la ville, l'Eglife de S. François, apparemment de Saint François de Paule, dont le culte étoit alors fort célébre en France. Mais comme il concourt affez ordinairement avec les fêtes de Pâques, on a pris pour Patron Saint François d'Assise. Il paroît par une ancienne charte de la confrairie de S. Fiacre, que les statuts en furent approuvés dès le mois d'Août de l'année 1554, par le Cardinal de Vendôme, Archevêque de Rouen ; d'où l'on peut inférer que l'Eglise fut bâtie vers ce tems-là. Elle ne fut pas tout d'un coup achevée, & l'on y a travaillé à diverses reprises, de même qu'à l'édifice de Notre-Dame, de maniere que le tout n'a été parfait qu'en l'année 1681. Deux ans après (1556) le Roi fit construire un hôpital à l'extrêmité de la ville, où sont maintenant les PP. Capucins.

1557. La guerre s'étant rallumée entre la France & l'Espagne, le Roi fit venir au Havre quatre compagnies d'Allemands, de quatre cens hommes chacune, qui camperent sur la Paroisse d'Ingoville près de deux ans, c'est-à-dire, jusqu'à la paix des deux Couronnes en 1559. Les Anglois avoient pris la querelle du mari de leur Reine (Philippe II.) Elle mourut le 15 de Novembre 1558, & Elisabeth, qui lui succeda, accéda au traité de ces deux Puissances. Mais au mois de Juillet 1559, la mort tragique de Henri II. répandit le deuil dans toute la France. Il avoit contraint le Comte de Montgommery de rompre une lance contre lui, dans un tournoi. Le tronçon de cette lance l'atteignit à l'œil, & lui ôta la vie. C'eſt un des principaux bienfaiteurs de la ville du Havre.

FRANÇOIS II.

1559. Le regne de François II. l'aîné de ſes fils, fut fort court, & ne ſe paſſa pas néanmoins ſans de grands troubles. Ce Prince, réſolu de dreſſer une puiſſante armée à la côte de Normandie, fit venir en cette province quantité de vaiſſeaux dès les premiers mois de ſon regne. C'étoit apparemment pour porter en Ecoſſe trois mille hommes qu'on envoyoit à Marie Stuart, épouſe du Roi, contre le rébelles de ce royaume.

Vaiſſeaux mandés au Havre de Grace.

1560. La France étoit encore plus agitée. La Reine-Mere (Catherine de Médicis) pour ſe ménager entre les deux partis qui la diviſoient, & les faire ſervir au pouvoir dont elle étoit jalouſe, avoit pris foin d'empêcher qu'on n'inquiétât l'Amiral de Coligni, au fujet de la confpiration d'Amboife. Elle fit même donner à cet Amiral la commiffion de venir en Normandie pour en appaifer les troubles. Mais au lieu d'y remédier de bonne foi, il y favorifa le parti des Religionnaires qui tinrent publiquement leurs prêches au Havre de Grace, à Dieppe, Caen, &c. à l'ombre de l'autorité qu'il avoit dans ces villes comme Amiral de France. (a) Il parut cependant obéir, & fe prêter aux vues de la Reine; car il envoya par des lettres datées du Havre de Grace, le 4 de Juillet 1560, felon quelques mémoires de la marine, chercher des vaiffeaux par tous les ports de Normandie, pour tranfporter des vivres dans l'Ecoffe.

(a) Dès 1555, il avoit obtenu de Henri II, deux vaiffeaux de guerre, qu'il avoit fait partir du Havre, pour le commerce de l'Amérique méridionale, fous la conduite du Chevalier de Villegaignon; mais en effet, pour y former un établiffement en faveur des Religionnaires de France: ce projet échoua par la divifion qui fe mit entr'eux, & une partie revint bientôt en France dans un navire du Havre. Villegaignon qui s'étoit fait Catholique, revint auffi lui-même, & écrivit contr'eux.

CHARLES IX.

1561. Au commencement de ce regne l'Amiral de Coligni fut mis en poſſeſſion du gouvernement du Havre, par la dé-miſſion de M. de la Mailleraye, qui mou-rut à Paris l'année ſuivante, & il prit pour ſon Lieutenant Jean de Cros ou de Croſe, avec une compagnie de gens de pied, outre les cinquante archers de la ville. Ce fut ſous la Lieutenance de ce de Cros en 1562, ou, ſelon le vieux ſtyle de la tradition du pays, 1563, après Pâques, que commencerent au Havre les ſéditieux mouvemens des Calviniſtes. Ce qu'ils ont appellé le maſſacre de Vaſſy, ayant rendu furieux l'orgueil de ces rébelles, ils s'emparerent auſſitôt d'un très-grand nombre de villes en pluſieurs provinces, commettant partout mille meurtres & mille odieuſes profanations. Ils avoient deſſein de ſe retrancher au Havre de Grace, & ils comptoient tirer de ſon in-vaſion les plus grands avantages pour le parti des Proteſtans. Leur révolte y écla-ta le lendemain de l'Aſcenſion huitiéme du mois de Mai.

1562. *Les Huguenots occupent le Havre & le pillent.*

Ils commencerent par piller les églises de la ville, & celles de la campagne, détruifant les autels & les fonts baptifmaux, brulant les chaires & les formes, & prenant pour fe parer, les plus beaux ornemens : ils agiffoient fous les aufpices de Ferriére, Vidame de Chartres, qu'on appelloit auffi Maligni, un des trente Chefs de la confpiration d'Amboife, & de Beauvoir la Nocle, fon beau-frere, qui s'établirent au Havre de Grace, par l'entremife des habitans Huguenots, & principalement du Lieutenant de la ville, Jean de Crofe, qui leur abandonna la tour & les autres lieux forts. Ferriére fit élever, à l'ouverture du port, cette petite tour qui fubfifte encore, & qu'on appella du nom de fa dignité, *la tour Vidame* : & la Nocle ufurpa le commandément de la place fur de Crofe, qui fut obligé de fe retirer à Rouen, auprès de Montgommery, pour défendre avec lui cette ville, contre l'armée du Roi, qui s'avançoit pour la reprendre.

Les Anglois arrivent au Havre.

Dans ces circonſtances, Louis de Bourbon, Prince de Condé, pour conſerver à ſon parti cette barriere, députa vers la Reine d'Angleterre, afin de hâter le ſecours qu'elle lui avoit promis, Briquemaut & le Vidame de Chartres, avec pluſieurs autres. La Reine exigea une place de retraite & de ſûreté pour ſes troupes; on lui en offrit deux qu'elle refuſa, pour avoir le port du Havre. Les Députés ſe retirerent, ne pouvant conſentir à livrer une frontiere de cette importance, ils repaſſerent en France; mais ſur des ordres précis du Prince & de l'Amiral, ils retournerent en Angleterre, & convinrent avec Eliſabeth, le 20 de Septembre, à Hamptoncour, qu'elle enverroit ſans différer des hommes & de l'argent, & que ſes troupes ſeroient miſes en poſſeſſion de la ville du Havre. En conſéquence de ce traité, ſix mille hommes de pied avec trois cens chevaux, deſcendirent au Havre ſous la conduite d'Ambroiſe de Warwick, qui devoit payer au Prince de Condé cent quarante mille écus en différens termes. Ce fut le 4 d'Octobre que ce Comte arriva au port: Il commença par faire des courses dans le pays pour le reconnoître, s'empara d'un très-grand nombre de vaisseaux en différens lieux de la Province, pour ôter aux François le moyen d'équiper une flotte, fit des détachemens, & partagea ses troupes au Havre, à Rouen & à Dieppe. Il y avoit alors six mois que les Religionnaires avoient chassé les Catholiques du Havre, leur feu se ranima à l'arrivée des Anglois, qu'ils appellerent leurs bons amis & leurs cousins. Ceux-ci dans l'intention de rendre les abords plus difficiles, ouvrirent plusieurs fossés autour de la place, abattirent l'église & la plûpart des maisons du village de Leure, mais ils en haufferent le fort.

Dans ces entrefaires, les assiégés de Rouen demanderent du secours aux Anglois de Dieppe & du Havre ; ceux de Dieppe furent coupés en route, & ne purent arriver ; ceux du Havre plus heureux, après avoir essuyé le canon de Harfleur & de Quillebœuf, & forcé l'estacade de Caudebec qui leur fermoit le passage, entrerent dans la ville. Ce renfort ne put empêcher qu'elle ne fût

prife ; & quelques Officiers, parmi lefquels étoit Jean de Crofe, qui avoit livré
le Havre, furent exécutés. Le Comte de
Montgommery fe retira dans une galere
qu'il tenoit prête au port, avec quelques-
uns de fes amis, malgré les coups de canon qu'on leur tiroit des bords de la
riviere, & après avoir franchi à force de
rames l'eftacade de Caudebec, il arriva au
Havre de Grace.

Le Comte Rhingrave étoit parti avec
fes Allemands, pour fe rendre aux environs de cette place, afin de la bloquer,
& de couvrir le pays de Caux, où les
Anglois faifoient des courfes. On lui
joignit quelques Compagnies Françoifes
avec environ trois cens chevaux. Les
Anglois firent fur ces troupes de furieufes
forties ; mais malgré la répétition de ces
attaques, elles conferverent leur pofition
dans la plaine du côté de Leure. Caftelnau, brave Officier & très-attaché au Roi
fon Maître, avoit prévenu l'arrivée de
ce Comte bien avant le fiége de Rouen,
ayant été amené au Havre prifonnier des
Religionnaires, & il avoit profité des
intelligences qu'il s'étoit ménagées dans
cette ville, pour découvrir leurs fecrets

il avoit même fait à la Cour, de la part des Chefs, plusieurs voyages, & la Cour l'avoit chargé de leur faire différentes propositions, pour empêcher qu'ils n'attiraffent l'Etranger dans le royaume : mais ces négociations avoient été inutiles, parce que les demandes des Proteftans étoient déraisonnables, & au retour d'un de fes voyages il trouva les Anglois en poffeffion de la ville.

Cependant, le Duc de Guife ayant été affaffiné au fiége d'Orléans par un Gentilhomme Huguenot, on fit la paix avec les Religionnaires, & on leur accorda la liberté de confcience. Mais il falloit reprendre le Havre de Grace qu'ils avoient livré à Elifabeth, & dont les vaiffeaux auroient gêné la navigation de la manche & le cours de la Seine, outre qu'il eût été une retraite toujours ouverte à la fédition, par des communications faciles avec l'Angleterre. Au bruit de ce deffein les Anglois chafferent les Huguenots du fein de la ville, dès le commencement du mois de Mai. D'autres ont dit qu'ils les avoient chaffés dès le premier jour de leur arrivée, ce qui n'eft point vraifemblable. La Reine d'Angleterre fut allar-

mée de la résolution de la Cour, mais
elle s'imagina qu'à raison des apprêts qu'il
falloit faire, on ne pourroit y conduire
l'armée du Roi qu'après la récolte. C'eût
été pour elle un grand avantage, parce
que la mer qui croît alors considérablement, auroit occupé toutes les avenues
de cette place, qui paroissoit imprenable
de sa nature, étant située dans des marais,
& n'étant commandée d'aucune hauteur,
(qui soit voisine, & d'où l'on puisse battre
en bréche) avec d'aussi bons remparts
qu'en puisse avoir aucune place, munie
d'ailleurs de poudre, de bales, & de
plus de deux mille piéces d'artillerie,
capables de résister à toutes les forces de
l'Europe, défendue enfin par six à sept
mille hommes choisis sur toute l'Angleterre. Il faut donc supposer que la Reine
y envoya diligemment de nouvelles
troupes; car des six mille hommes qui
y étoient descendus, une partie étoit
allée à Rouen, & une autre à Dieppe,
d'où, peut-être, quelques-uns étoient revenus au Havre. Les histoires du tems
ne nous apprennent point quand & comment ces nouvelles troupes étoient dé-
barquées en cette ville. Mais enfin la

chofe étoit ainfi, puifque la garnifon, au tems du fiége, montoit fûrement à fix mille hommes. C'eft avec de fi grands avantages de la nature & de l'art, que le Comte de Warwick efperoit de la défendre contre toutes les reffources de la puiffance des François, outre qu'il attendoit le fecours d'une armée navale qui devoit inceffamment mettre à la voile.

Mais on fe garda bien de s'endormir & d'ufer de délais dans une chofe de cette importance, on précipita tout pour attaquer cette ville, & le Roi s'y achemina lui-même, vers la fin du mois de Mai, avec la Régente & les Princes. Afin de montrer combien les François étoient réunis par la paix que l'on venoit de faire, & peut-être pour indifpofer la Reine d'Angleterre contre les Huguenots, dont l'ingratitude devoit certainement lui être fenfible, on mena à cette expédition le Prince de Condé, avec les principaux de fon parti. Mais l'Amiral de Coligni, quoiqu'il fût Gouverneur du Havre, & d'Andelot fon frere, refuferent d'y prendre part. Les autres s'y porterent avec beaucoup d'ardeur, pour fe laver

du

du reproche qu'on leur faisoit, d'avoir in-
troduit l'Etranger en France. C'est à dessein de l'expulser, que Catherine de Me-
dicis voulut terminer sa Régence par un
coup d'éclat, & restituer au Royaume ce
qu'on appelloit alors le boulevard de la
Nation Françoise.

Les Auteurs du tems nous représen-
tent ce siége comme un des plus mémorables dont l'Histoire fasse mention, mais
leurs mémoires varient, quoique consultés
les uns sur les autres, ce qui embar-
rasse. La plûpart attribuent la conduite
du siége & tout le détail des opérations
au Connétable de Montmorency, mais
ils sont obligés de répéter plusieurs fois
les mêmes choses. Beaucaire, Evêque
de Metz, attaché au Cardinal de Lorraine, & qui ne paroît point favoriser le
Connétable, en fait honneur au Maréchal de Brissac, du moins pour les premieres & les plus essentielles opérations.
Au reste, les autres ne disconviennent
oint que ce Maréchal n'ait fait habile-
ent les premieres dispositions du siége
du Havre, & d'Aubigné convient de
us avec Beaucaire, que le Connétable
vint au camp que dans l'intention de

chagriner les Maréchaux de France. Le
P. Daniel a fuivi la relation de Caftelnau,
témoin oculaire, comme on vient de
voir : Je préférerois celle de M. de Thou,
beaucoup plus nette & plus fuivie, fans
redites ni contradictions. Elle eft faite
également fur les Auteurs contemporains
& fur les actes publics. Je prendrai une
route moyenne, pour donner à l'une &
à l'autre de ces deux perfonnes (Briffac
& Montmorency) ce qui me paroît leur
appartenir. Ce qui m'oblige à cela, eft
l'autorité d'un témoin refpectable, préfent
au fiége, le Procureur du Roi de la ville
du Havre, qui affure que cette affaire
dura quinze jours, au lieu que les autres
ne la font durer qu'une huitaine, jufqu'au
moment de la dernière capitulation ac-
cordée aux Anglois. Il eft donc néceffaire que M. de Briffac eût déja fait bien
des chofes à l'arrivée du Connétable.

Siége du Havre.

Avant que de faire aucune attaque,
un Trompette fut fommer, de la part du
Roi, le Comte de Warwick, de rendre
la place. Il répondit qu'il falloit rendre
Calais, & qu'il ne pouvoit traiter de la

reddition du Havre, qu'on n'eût fait auparavant satisfaction à la Reine sur cet article. Le Roi informé de cette réponse, au Château de Gaillon, fit déclarer la guerre par un Héraut, le sixiéme de Juillet 1563, & comme son armée étoit déja prête, la fit marcher vers le Havre de Grace sous la conduite de Charles de Cossé de Brissac, Maréchal de France, très-expérimenté au métier de la guerre. Il prit son logement au Prieuré de Graville, & l'armée composée de François & d'Allemands, se répandit aux environs dans les Paroisses de Sanvic & d'Ingoville, & du côté de Leure en rase campagne. Le Comte Rhingrave, Colonel des Allemands, étoit déja posté dans ces quartiers, mais il suivit alors le mouvement de la grande armée, & dans les troupes Françoises on trouvoit les Régimens de Richelieu & de Sarlabos l'aîné, mêlés de Suisses.

M. de Brissac commença par pointer ses canons, de maniere qu'ils empêchassent la flotte Angloise d'arriver, & tout de suite fit couper les veines d'eau douce de Vitanval qui couloient dans la ville; ce qui réduisit tout d'un coup au désespoir les affiégés, qui, après avoir épuifé les citernes, ne trouverent en creufant que des eaux falées. Cette incommodité infupportable dans les travaux d'un fiége & dans les chaleurs brûlantes du mois de Juillet, fut bientôt fuivie de la pefte par la mal-propreté des Anglois, la corruption de l'air, & la mauvaife nourriture, qui fit périr dans l'efpace de quinze jours plus de la moitié de la garnifon. Les affiégés avoient fait un retranchement de paliffades, pour couvrir la porte du Perré, & principalement la groffe tour qu'il étoit facile d'efcalader, parce qu'elle n'a point de foffé, & qu'elle eft jointe à la digue. Le premier exploit des troupes fut de rompre & de forcer ces paliffades, ce qui fut exécuté par le Régiment de Richelieu avec une ardeur incroyable, malgré l'horrible feu qu'on faifoit fur lui du haut de la tour; il fe logea dans ce retranchement avec le Capitaine Poyet, brave Officier de la Colonelle de d'Andelot. La digue étant ainfi débarraffée, on apporta deffus ou tout auprès, quatre gros canons de fonte, avec quantité de boulets, dont on battit fi vivement la tour depuis fix heures du matin jufques à onze, que malgré son épaisseur, on en renversa une grande partie.

Cependant le Roi partit de Gaillon, & arriva à Fécamp. Les choses étoient tellement avancées, les approches si vigoureuses, les soldats si animés, & la bréche si grande, que les ennemis qui s'étoient vantés de creuser le tombeau de nos troupes, songerent à capituler. Ils étoient réduits à l'extrémité, mais nous n'avions perdu que quelques soldats, avec Richelieu Mestre de Camp, qui mourut d'un coup d'arquebuse qu'il avoit reçu à la prise des palissades.

Le Connétable de Montmorency, accompagné des Maréchaux de Montmorency & de Bourdillon, & de plusieurs autres Seigneurs, arriva le 21 de Juillet sur les dix heures, au Prieuré de Granville, où étoit logé le Maréchal de Brissac. Informé de l'état des Anglois, il s'en fut au camp pour commander l'armée, comme sa dignité lui en donnoit le pouvoir, mais peut-être par ambition & par rivalité, pour enlever à Brissac la gloire de ses travaux, & chagriner ce grand Capitaine qu'il haïssoit, quoiqu'il fût son parent. Il est cependant probable

qu'il n'y defcendit qu'avec l'agrément du
Roi. Quoiqu'il en foit, il tint pour nul
tout ce qui s'étoit fait avant fon arrivée,
arrêta le pour - parler que les Anglois
avoient demandé à Briffac ; alléguant que
lui feul de toute l'armée, pouvoit accorder ou refufer des conditions de paix ;
& voulùt enfin qu'on recommençât toute
l'affaire. Et pour paroître avoir fait quelque chofe, ou plutôt pour faire comme
s'il n'y eût eu jufqu'alors aucune opéra-
tion, il envoya un Trompette au Comte
de Warwick, pour le fommer de rendre
la place, lui témoignant qu'il feroit
faché d'ufer de rigueur envers fa nation.
Ce Commandant répondit qu'il falloit s'a-
dreffer à la Reine fa Maîtreffe, qu'il n'a-
voit d'autre commiffion que de garder la
ville & de la défendre, & qu'il étoit prêt,
lui & tous fes Officiers, à facrifier leur
vie, plutôt que de manquer à ce qu'ils
devoient à leur Souveraine ; qu'il étoit
néanmoins très-reconnoiffant des bontés
de M. le Connétable. Ces paroles du
Comte détruifent bien fenfiblement l'opinion de ceux qui difent qu'on avoit demandé à la Reine elle-même la reftitution
du Havre. Les Officiers qui avoient

rendu la réponse du Commandant, firent apporter, selon l'usage des Anglois, au bord de la tranchée, des flacons d'argent doré, pleins de vin, & de grandes coupes que l'on posa sur des tambours; firent beaucoup de politesses à des François déguisés, que le Connétable avoit envoyés pour reconnoître l'état de la place; & après quelques reproches du Capitaine Lethon à des Protestans qu'il reconnut, & qui lui répondirent fort bien, ils bûrent tous de bonne amitié les santés les uns des autres.

Dès que le Connétable eût reçu cette réponse, il fit porter la tranchée que M. de Brissac avoit fait ouvrir du côté de Leure, environ à huit cens pas, en quatre jours, au-dessous du bastion de Sainte Adresse, & jusqu'auprès de la porte du Perré; mais comme on ne trouvoit en creusant, que des cailloux & des pierres, on couvroit les soldats de sacs pleins de terre, de laine, & de sable qu'on apportoit de la mer; on fit aussi saigner le fossé en plusieurs endroits pour le découvrir. Cependant le Prince de Condé arriva avec le Duc de Montpensier, & tant que dura le siége; ils n'eurent point d'autre

logement que la tranchée où les visitoit
M. le Connétable. Alors les Anglois, ir-
rités de ces travaux, firent du côté de
Leure une furieuse sortie, on les repoussa
avec une égale vigueur. Pour les réduire
entierement, le Connétable fit élever
une forte batterie, qui fut l'ouvrage de
Jean d'Estrées, Grand Maître de l'Artillerie, le plus habile homme en ce genre
qui eût jamais paru en France ; mais
comme il étoit Protestant, on lui joignit
un Catholique, avec lequel il eut quelque démêlé, que termina M. de Montmorency. Ainsi, voilà trois batteries élevées ; la premiere, sur le rivage de la mer
pour écarter la flotte Angloise ; la seconde, auprès de la grosse tour ; toutes
deux par les ordres de M. de Brissac, sur
les desseins de l'Ingénieur Catholique ; &
la troisiéme par les ordres du Connétable
pour battre le mur & la porte de la ville.
Il y avoit plusieurs bréches, & l'on se
disposoit à donner un assaut général,
quand les Anglois demandérent à capituler.

Le Comte de Warwick, s'excusa de
n'avoir pas rendu le Havre, sur ce qu'il
n'avoit point alors les ordres de la Reine ;
mais

mais à préfent qu'il les avoit reçus, il étoit prêt, dit-il, à traiter avec M. le Connétable. Je ne vois point comment il avoit reçu ces ordres ; car on avoit arrêté une barque au fortir du port, & furpris une lettre de Smyth, Ambaffadeur d'Angleterre ; outre que l'arrivée de Milord Clinthon à la rade avec de nouvelles troupes, deux jours après la réduction de la ville, contredit formellement l'excufe de ce Comte. M. de Thou fuppofe qu'un Gentilhomme de Florence, qui favorifoit les affaires d'Angleterre, alloit pendant le fiége, de France en ce royaume, & revenoit de ce royaume en France, pour moyenner quelque accommodement. Mais le fiége fut court ; & comment ce Florentin pénétra-t-il dans la ville affiégée ? Je penfe que cette excufe ne fut qu'un prétexte d'un habile Commandant, pour obtenir des François une compofition plus avantageufe. Les Députés vinrent au camp par la porte de Leure, & il y eut une treve pour regler les articles. Le Connétable leur parla avec beaucoup de fermeté, & même avec rigueur, dit Caftelnau qui entendit fes paroles ; les affurant qu'il n'y auroit

I

plus de miséricorde, s'ils ne concluoient dès ce moment la capitulation. On leur accorda cependant le délai d'une journée, & le Connétable envoya des rafraîchissemens au Comte de Warwick; mais de chaque côté les soldats violerent la tréve. Le lendemain matin les Députés reparurent, & il y eut encore quelques altercations & quelques escarmouches; mais enfin le traité fut fait de bonne foi, & signé de part & d'autre. C'étoit le Mercredi 28ᵉ. du mois de Juillet, selon la Popeliniere & les mémoires du Havre; le Jeudi, selon Castelnau; mais il se trompe, ainsi que sur le dernier jour de ce mois qu'il assigne au Dimanche. Car en cette année on célebra la Pâque le onziéme d'Avril. Or, en supputant bien, le Dimanche étoit le premier jour du mois d'Août.

Reddition du Havre de Grace.

En général les conditions étoient, que les Anglois remettroient la ville entre les mains de M. le Connétable, avec toute l'artillerie, les munitions, & les vaisseaux qui se trouveroient appartenir au Roi & à ses Sujets; qu'on leur rendroit aussi ce

qui étoit à eux, & qu'on leur fourniroit
même, s'ils en avoient besoin, quelques
vaisseaux pour les reporter en Angleterre;
qu'ils auroient six jours pour évacuer la
ville; mais que dès le jour même de la
signature du traité, ils rendroient la
grosse tour où M. le Connétable pourroit faire entrer ses soldats, sans y arbo-
rer le drapeau de la France, & que le
Comte de Warwick, jusqu'à ce que les
conditions fussent accomplies, garderoit
les portes, sans pouvoir non plus y tenir
l'étendart de sa Nation; qu'il rendroit le
lendemain le fort de Leure, & donneroit
quatre ôtages, au choix du Connétable,
&c.; ces ôtages furent fournis. Sur ces
conditions réciproques qui furent fidele-
ment observées, la ville fut rendue dès
le lendemain 29ᵉ. du même mois; &
tous les ans le Dimanche le plus prochain
de ce terme, on fait une procession géné-
ale en mémoire de cette réduction & de
a liberté rendue aux Catholiques.

Le grand fort de Leure que les Anglois avoient relevé, fût rendu, ils s'é-
toient cantonnés de ce côté-là, où ils
avoient le plus d'avantage : Mais on
s'étoit attaché principalement à battre

le côté de la mer, dont la réduction e
traînoit tous les autres. Le P. Daniel qui
ne connoissoit point assez cette situation,
s'est encore trompé sur cet article, en
augurant que ce fort est l'espace compris
entre la tour & le bastion de S. André,
ce qui fait, dit-il, une espece de château.
C'est ce qu'on appelle aller d'une extré
mité à l'autre ; cet espace qu'il indique,
étant à l'occident, & le fort de Leure
à l'orient de la ville. Je ne sçai commen
il a pû dire que les relations du siége qu'i
a vûes, ne font point mention du fort d
Leure, dont il est parlé dans la capicula
tion, on l'y trouve positivement, & mê
me dans Castelnau qu'il a suivi de poin
en point. Du moins il auroit pû remar
quer dans l'Evêque de Metz (Beaucaire
qu'il y a un bastion à tous les angles de l
ville, si ce n'est à celui de la mer, qui n'a
pour défense que la tour, dont les pierr
font taillées en pointe de diamant. (a)

C'est-à-dire, que le bastion de Saint

(a) *Franciscus Rex oppidum quadrangul
condidit, & in uno quoque angulo longum la
tumque propugnaculum extruxit, nisi ad portu
initium, ubi angulum facit firma turris, insta
adamentinæ cuspidis acuminata. Belc. lib. 30.*

André n'exiftoit pas alors, comme je le
montre ailleurs, non plus que la porte
du Perré qui y eft jointe. Le P. Daniel
n'eft pas plus heureux dans l'idée qu'il a
que les pieux qui bordoient le rivage
vis-à-vis du mur de la ville, étoient une
partie de la jettée. Cela n'a pas befoin de
réfutation.

Les Meftres de Camp, de Charry, de
Richelieu, & de Sarlabos, fe diftinguerent
beaucoup en cette affaire. Dupleffis-Ri-
chelieu, grand oncle du Cardinal, avoit
acquis le furnom de Pilon, par la grandeur de fon courage ; il s'étoit fignalé
en Piémont fous le Maréchal de Briffac,
avoit foutenu le fiége de Saint-Jean
d'Angley contre les Huguenots, défendu
Blois avec feulement trois cens hommes,
& défait fur les bords de la Vienne les
Religionnaires de Touraine & de Poitou, joints enfemble. Il mourut comblé
de gloire au fiége du Havre. Sarlabos
ou Sarlabous acquit le gouvernement
du Havre qu'on avoit deftiné à Richelieu, & fut laiffé dans cette place avec
fix compagnies de Fantaffins, fous les
Capitaines de Mirepoix, de Lifle, & de
la Houffaye. On y joignit pour fes

I iij

gardes vingt-cinq Suiſſes, outre les 50 Archers morte-paye. Le Connétable fut bien accueilli de Leurs Majeſtés pour avoir fini cette affaire, tous les Officiers reçurent des éloges à proportion, & des récompenſes.

Deux jours après que la ville fut rendue, le Roi & la Régente étant alors au manoir de Vitanval, les Princes & les Seigeurs étant répandus aux environs avec la Gendarmerie, l'Amiral Clinthon parut à la rade avec des rafraîchiſſemens & de nouvelles troupes. Il eût été ſuivi quelques jours après d'une armée navale de ſoixante gros vaiſſeaux ; & l'on prétend qu'il avoit envoyé une chaloupe pour faire ſçavoir aux aſſiégés ſon départ d'Angleterre ; que cette chaloupe avoit tenu la mer, & fait diverſes routes, pour éviter le canon, mais que n'ayant pû aborder pour jetter dans le port la lettre dont elle étoit chargée, le Comte de Warwick n'avoit pû recevoir des nouvelles de la flotte. La Reine mere députa vers l'Amiral Anglois le Rhingrave avec le Baron de Claire & pluſieurs autres, pour l'inviter à mettre pied à terre, en lui offrant toutes ſortes de ſûretés ; il répondit que s'il avoit occaſion de venir baiſer les mains de Leurs Majeſtés, il ne voudroit pour cela d'autre ſûreté que leur parole, mais qu'il devoit retourner pour apprendre à la Reine, que la ville étoit rendue, & il fit voile dès le lende-main. Le Connétable avoit répandu ſes troupes ſur le bord de la mer, & auprès du logis de Leurs Majeſtés, pour éviter les ſurpriſes. Les Anglois de la garniſon délogerent en même-tems, ayant parmi eux grand nombre de malades qui porte-rent la peſte dans leur pays. Mais avant leur départ, le Procureur du Roi, Guil-laume de Maceille, accompagné de vingt-cinq notables, fut trouver la Régente à Vitanval, pour redemander à Sa Majeſté les chartes des franchiſes & des privi-léges, avec tous les papiers qui concer-noient les affaires de la ville. La Reine auſſitôt chargea le Connétable de les faire reſtituer. Il députa pour cela vers le Comte de Warwick, un citoyen avec une lettre qui ordonnoit aux Anglois de les rendre au plutôt, ſous peine d'y être obligés par la force. Le Comte de War-wick qui avoit fait ouvrir les coffres pour s'emparer des regiſtres, les remit ſur le champ.

I iv.

Alors on agita dans le Conseil, s'il ne feroit pas expédient pour le service du Roi & le bien du pays, de démenteler le Havre. Les sentimens furent partagés, & la conclusion fut de le laisser avec ses forces, attendu l'importance de son assiette, & les grandes dépenses qu'on avoit faites pour le mettre en cet état, outre qu'en lui ôtant la forme de ville, ont eût paru blesser la mémoire du Fondateur. Ce dernier sentiment étoit sans doute le meilleur, puisqu'il est nécessaire d'avoir un port à l'embouchure de la Seine, & qu'il n'est pas convenable que ce port soit ouvert au premier venu ; qu'il est à propos au contraire qu'il ait des barrieres impénétrables pour écarter l'ennemi, & tenir en sûreté les marchandises & les denrées qu'il envoye à Rouen & jusqu'au sein de la capitale. On s'arrêta donc au parti de le conserver, & le Roi, quelque tems après, y fit commencer une citadelle. Ce fut apparemment l'année suivante, pendant laquelle ce jeune Monarque visita les Provinces du Royaume, & y fit élever quelques forteresses.

Citadelle du Havre.

1564. Cette citadelle fut commencée depuis l'endroit où se trouve aujourd'hui l'écluse de la grande bare jusqu'au retranchement que j'ai expliqué, vers la porte de Leure. On démolit pour cela plusieurs belles maisons que ceux du pays avoient élevées dans cette place ; & quoique l'estimation en eût été faite par ordre de la Cour, ils n'en reçurent aucune récompense ; mais ils demeurerent exemts de taille jusqu'à la mort, après s'être retirés à la campagne. Ce changement du quartier de S. François, est encore sensible à ceux qui veulent y faire attention ; car toutes ces maisons étant démolies pêle-mêle, on ne trouve sur le quai de la Bare, que des rues inégales en longueur ; & quoique les maisons de ce quai ayent été rebâties, on a encore vû les anciennes qui n'avoient aucun jour de ce côté-là. Cette citadelle, dont on voit à peu près la forme dans un plan du Havre tracé dans un tableau de Louis XIII. enfant, qui est sur une cheminée de l'hôtel de ville, reçut la figure d'un bastion double, excessfivement grand, dans l'enceinte duquel on éleva des magafins. Mais on ne goûta point le deffein de cette citadelle, dont le mur joignoit encore fans aucune féparation, au tems de la minorité de Louis XIII, le baftion des Capucins ; elle demeura imparfaite, & c'eft au milieu de fa place d'armes qu'on a creufé depuis le réfervoir de la grande bare.

Charles IX. étant encore au manoir de Vitanval, fieffa au nouveau Gouverneur trente-quatre acres de terre du retranchement de la ville, à deux fols l'acre par chacune année, payables au Domaine de Montivilliers. C'eft ce qu'on appella la ferme de Percanville que la crique arofoit au milieu des ruines de l'ancien Havre. Il paroît donc que ce fut alors qu'on abolit la porte de Leure, pour la fondation de la premiere citadelle, & qu'on détruifit le grand fort qui couvroit cette porte, & devenoit inutile. On voit même par l'ufage qu'en firent les Anglois, qu'étant détaché de la ville, il pouvoit lui-être dommageable. Ainfi, il eft vraifemblable que M. de Sarlabos le fit rafer avec tous les édifices de ce quartier, qui étoient devenus incommodes, excepté une maison qu'il aggrandit & qu'il orna, pour lui servir de lieu de plaisance. Il y fit bâtir des granges, des écuries, des colombiers, & des murailles autour du jardin. Il fit graver ses armes sur la principale porte ; mais on les voit blasonnées par leurs couleurs aux panneaux d'une fenêtre de la Paroisse d'Ingoville. C'est une plante de laurier à trois branches ; avec une bordure de fleurs de lys, & le cordon de l'Ordre du Roi, qu'il avoit obtenu pour récompense de ses services.

Après que le bon ordre eût été ainsi rétabli au Havre de Grace, le Roi qui n'entra pas dans la ville sans doute à cause de l'air contagieux qu'y avoient laissé les Anglois, laissant au camp le Connétable de Montmorency, partit le Dimanche, premier Août, avec toute sa suite. Il passa d'abord par Saint Romain, ensuite par Estelan ; d'Estelan il fut coucher au château d'Yvetot ; d'Yvetot à Baqueville ; & le jour d'après il arriva à Dieppe, où il fit son entrée. De Dieppe le Roi vint à Claire où il coucha, & le lendemain il fit son entrée dans la ville de Rouen. C'étoit le 12ᵉ du mois d'Août, jour heureux dans cette Province, & fignalé par la réduction de la Normandie à l'obéiſſance de Charles VII. en l'année 1450.

Entrée du Roi dans la ville de Rouen.

Cette entrée fût magnifique. On avoit dreſſé des amphithéâtres & des arcs de triomphe au fauxbourg Saint Gervais, à la porte Cauchoiſe, au vieux marché, & dans le parvis de Notre-Dame. Entr'autres repréſentations allégoriques, on voyoit au haut de l'amphithéâtre du parvis de Notre-Dame, la Seine ſous la figure d'une femme âgée & d'une taille gigantefque, dans un lit de joncs & de roſeaux, appuyée ſur deux léopards qui cachoient leur tête dans des broſſailles, & jettant ſon eau dans une urne par les deux mammelles. Des Naïades d'une grande beauté folâtroient autour de la Seine, n'étant couvertes que d'une ceinture de glayeul. A ces Naïades ſe joignoient d'autres Nymphes qui ſemoient des fleurs, & ſembloient chanter la liberté de la Seine par la reddition du Havre. Le Roi étoit placé ſur cet amphithéâtre avec le Cardinal de Bourbon

Archevêque de Rouen, pour voir passer la ville & la cinquantaine. Quelques jours après il fut au Parlement tenir son lit de Justice, & se faire déclarer majeur. Il étoit âgé de treize ans & un jour. Il fit l'ouverture de son discours par des actions de graces à Dieu, pour la reprise du Havre de Grace, & comme c'étoit la joie de tout le Royaume, le Chancelier de l'Hôpital en fit aussi mention dans sa réponse au discours de Sa Majesté.

M. de Sarlabos prit possession de son gouvernement le premier Août, & il le garda jusqu'au même mois de l'année 1584, qu'il le remit à M. de Joyeuse. Dans cet intervalle, uniquement occupé du bien de la ville, il en fit hausser les murailles, réparer la grosse tour, & il commença la terrasse qui regne depuis cette tour jusqu'à la porte du Perré. Ce n'étoit auparavant qu'une simple muraille, & cette porte n'existoit point. Il fit bâtir encore la maison du Poids-le-Roi, qu'il égaya par un jardin, & un nouveau pont pour le quartier des Bares. Enfin, il augmenta l'hôtel de ville d'un grand corps de logis du côté de la rue, & fit à cet hôtel divers embellissemens, montrant partout, pour le service du Roi, beaucoup de fidélité & beaucoup de zèle.

Nouvelle conspiration des Huguenots contre le Havre.

1569. Les Huguenots qui étoient rentrés dans la ville, lui fournirent bientôt l'occasion de se signaler. Sur le soupçon de quelque entreprise pernicieuse, il s'en expliqua avec le Roi, qui lui ordonna de les chasser de la ville, avec défense d'en approcher plus près que six lieues, sous peine de confiscation pour les biens, & de détention pour les personnes. Cependant ces Fanatiques imaginerent un stratagême pour y rentrer; ce fut en se cachant sous des cuirs dans un vaisseau qui venoit de Barbarie. Ils avoient gagné ou trompé le Capitaine pour être reçus dans son bord, & on négligea d'y faire la visite. Ainsi, toujours rebelles, ils conspirerent de nouveau, avec des gens de leur secte, qu'ils barricaderoient, à certaine heure de la nuit, les portes & les boutiques des principaux Bourgeois, pour les empêcher de secourir la place. Cette tentative fut exécutée le 3 de Février, un peu avant la bataille de Jarnac, lorsque la guerre civile étoit très-rallumée. Ceux de dehors s'étant avancés pour surprendre la ville, firent main-basse sur les gens du Guet qui veilloient le long du Perré. Le bruit des armes ayant éveillé Sarlabos, & plusieurs autres, un Bourgeois, qui trouva ouverte la porte du Perré, la ferma, & se tint auprès, armé de sa hallebarde, criant aux armes de toutes ses forces, jusqu'à ce que de Sarlabos y fût arrivé. Aussitôt grand tumulte, mais on en fut quitte pour cette allarme, car les factieux de dehors s'étant épouvantés du bruit de la diane, & de la cloche de la premiere Messe qui sonna à heure indue, par une heureuse méprise de celui qui avoit cette charge, se retirerent au plutôt, jettant à terre leurs mousquets & leurs épées, qu'on trouva le lendemain. Mais comme ils avoient manqué leur coup par cette épouvante, ceux de la ville n'oserent se déclarer. Plusieurs Gentilshommes du pays de Caux, avoient trempé dans cette conspiration. De Ressent & de Montaigu, Conseillers au Parlement de Rouen, de concert avec Bigot, Avocat Général, ayant informé contr'eux fur les lieux mêmes, leur procès fut fait & jugé par la Cour, & il leur en coûta la vie.

HENRI III.

1574. Henri III. frere de Charles IX. commença fon regne en l'année 1574. On avoit formé deux ans auparavant au Havre de Grace, le deffein de reconftruire depuis les fondemens, l'Eglife de Notre-Dame ; il fut ratifié cette premiere année du regne de Henri III. Cela paroît par deux titres, dont le premier eft un acte d'adjudication pour la façon de la muraille en 1572, le fecond, eft l'épitaphe du Maçon Nicolas du Chemin, fur le pilier qui joint la table de l'œuvre. On y trouve en lettres gothiques, que cet homme travailla à l'édifice de Notre-Dame, depuis l'année 1574, jufqu'à celle de fon décès arrivé en 1587. Nous avons remarqué que dès 1540, l'on avoit commencé de bâtir un clocher, qu'on éleva fi haut, qu'on y fufpendoit le fanal, pour fervir de guide aux vaiffaux pendant la nuit. On y plaça même deux couleuvrines pour battre en pleine mer d'un côté, & fur la côte d'Ingoville

de

de l'autre. Mais parce que les Anglois
s'en étoient servis pendant le siége contre
le camp du Roi, on ôta cette défense ; &
on rasa même le comble du clocher, où
l'on voyoit plusieurs boulets mêlés avec
les pierres. Il fut réparé à peu près dans
la forme qu'il a aujourd'hui, & l'on continua de bâtir l'Eglise jusqu'à la croisée.
On voyoit à cette premiere partie du
bâtiment, des vîtres d'une grande beauté ;
& à toutes ces dépenses, les Gouverneurs, les Officiers & les Citoyens se
faisoient un plaisir, & même un devoir,
de contribuer à proportion de leurs
biens.

1574. Naufrage du paquebot ou passager,
qui va du Havre à Honfleur, & revient
de Honfleur au Havre.

La tradition du lieu, est qu'il périt
sous les murs de la ville, à l'endroit où
se trouve aujourd'hui la premiere entrée
du côté de l'avenue. Il falloit donc que
le terrein fût encore bien bas & bien
oisin de la mer à la pointe du bastion de
ainte Adresse ; qu'il n'y eût pas, comme
aujourd'hui, des montagnes de galet sur
le rivage, & que la mer soulevée par

la tempête, eût considérablement excedé
ses limites. Même naufrage très-longtems
après au sortir du port.

1576. Henri III, vient au Havre de Grace.

Henri III. vint au Havre de Grace
l'année d'après son mariage avec Louise
de Lorraine, & y fit son entrée avec
cette Princesse, en très-petit équipage.
La ville fut au-devant de Leurs Majestés,
& leur fit le compliment au milieu de
l'avenue. Il y eut du reste peu de cérémonie, le Roi ayant même défendu qu'on
tirât le canon. Pour tout bienfait il remit
à la ville, en 1580, les 100 liv. qu'elle
payoit au domaine pour des droits
royaux, que son Fondateur lui avoit donnés. Cette entrée se fit en l'année 1576,
un mois environ après la paix faite avec
les Huguenots.

L'Edit de pacification porte, suivant
la requête qu'ils avoient présentée au
mois d'Avril de l'année précédente, que
le Roi décharge absolument le Vidame
de Chartres, & Beauvoir la Nocle son
beau-frere, des négociations & des traités faits par eux, au nom du feu Prince
de Condé avec Elizabeth d'Angleterre,

pour lui livrer le Havre de Grace, &c.
mais, quoiqu'on leur eût accordé le libre
exercice de leur religion partout le royaume, on avoit de la peine à y consentir
dans les villes considérables. Ils s'en
plagnirent au Roi par le député du
Prince Casimir qui leur avoit amené
une armée d'Allemagne. Ils alléguoient
entr'autres plaintes, qu'au Havre de
Grace le Gouverneur avoit fait publier
des défenses à tous ceux de la religion,
qui s'étoient depuis six mois habitués en
cette ville, de se trouver aux assemblées, sous peine de cinquante livres
d'amende pour la premiere fois ; du
fouet pour la seconde ; & de la potence
pour la troisiéme : Qu'on avoit défendu
sous les mêmes peines à ceux qui n'habi-
toient pas cette ville, de se trouver aux
exercices de la religion, avec menaces
d'exiger l'amende sur les mieux accom-
modés du parti. Ils ajoutoient que les
villes où il y avoit pareil ou plus grand
nombre de Religionnaires que de Catholiques, étoient chargées de garnisons ;
que nommément à Dieppe, au Havre de
Grace, à Montivilliers, &c. on avoit dé-
pêché grand nombre de compagnies pour

y féjourner ; & qu'enfin on ne laiffoit fortir des ports de Normandie aucuns de la religion, qu'ils ne donnaffent quelque caution pour fe repréfenter.

Toutes ces plaintes regardent M. de Sarlabos, Gouverneur vigilant & ferme, qui donna en 1578 une nouvelle preuve de fa vigilance. Agnan le Comte, foldat de fa compagnie, né à Caen, pour fe fouftraire au châtiment qu'il méritoit par fes fautes, réfolut de fe retrancher dans la groffe tour où il étoit de garde. Il envoya fubtilement fes compagnons dîner dehors, & s'en rendit le maître. Puis étant fommé d'ouvrir la porte, il s'opiniâtra à le refufer. Le Gouverneur auffi-tôt affembla fa compagnie, & les Bourgeois y accoururent au nombre de plus de mille. On effaya vainement d'enfoncer la porte à coups de levier, le foldat défefperé les accabloit de pierres qu'il avoit amaffées, & couroit furieux de haut en bas, armé de fa hallebarde. On fut donc obligé de planter des échelles, d'où l'un des foldats qui y monterent, le tua d'un coup de piftolet. Son cadavre fut pendu, la tête en bas, aux creneaux de la tour, pendant vingt-quatre heures. S'il avoit eu du feu, & qu'il fe fût avifé d'en faire ufage, il eût caufé des maux terribles, la tour étant alors remplie d'une grande quantité de poudres, de canons, & de munitions de guerre. Le Roi voulut avoir une pleine connoiffance de cette affaire.

1580. Le Havre de Grace fut agité d'un grand tremblement de terre pendant les fêtes de Pâques de l'année 1580. Comme on fut préfervé des fuites funeftes de cet accident, on en fait mémoire tous les ans par une proceffion générale; & en 1584, M. de Sarlabos réfigna fon gouvernement à l'Amiral de France Anne de Joyeufe. (a) Il fut regreté du peuple, autant au moins que l'avoit été M. de la Mailleraye; dont l'abdication avoit été volontaire. Il femble cependant que la retraite de M. de Sarlabos ne fut point une difgrâce, par la raifon que donne le Roi, en revêtant de ce gouvernement M. de Joyeufe, qu'il eft convenable que les premiers ports du royaume foient totalement en

____

(a) Peut-être fut-il obligé de le vendre à ce favori du Roi, qui, felon les hiftoires, en acheta plufieurs dans ce tems-là.

la puiſſance des Amiraux. Quoiqu'il en ſoit, nous ignorons quelle fut après cela la condition de ce bon Gouverneur du Havre, mais je ſçai d'un ancien qui le tenoit de ſes peres, que Madame de Sarlabos, après la mort de ſon mati, ſe retira à la côte du ſud, au-deſſous de Honfleur, où elle menoit une vie miſérable, & qu'ayant un jour rencontré ſur le bord de la mer, où elle étoit errante, un Citoyen du Havre, dont le nom m'eſt échappé, elle ſe fit connoître à lui, déplora ſon état avec amertume, & reçut de ſa généroſité quelqu'aſſiſtance. Le Duc de Joyeuſe ayant été tué de ſang-froid par les Huguenots après la bataille de Coutras qu'il perdit contre le Roi de Navarre, l'Amirauté, le Gouvernement de Normandie, celui de Caen, & celui du Havre de Grace, paſſerent tout-à-la-fois entre les mains du Duc d'Epernon. 1587. Les mémoires du pays omettent ce dernier Gouverneur, & diſent ſimplement qu'après la mort tragique de M. de Joyeuſe, André de Brancas Sieur de Villars, ſon parent, qu'il avoit fait ſon Lieutenant dans cette ville, en obtint le gouvernement par ettres patentes. Mais on peut reconnoître le Duc d'Epernon, Gouverneur du Havre, jufqu'à l'année fuivante, en laquelle ce Duc remit au Roi le gouvernement de Normandie, & fans doute celui du Havre, qui échut alors à M. de Villars.

Ce dernier fit faire au Havre différens travaux fort utiles, un éperon près de la porte du Perré, ouvrage que l'on ne diftingue plus, parce que fans doute il fut détruit avec cette porte. Car ce n'eft point le baftion de Saint André, ni cette terraffe où l'on monte pour voir les vaiffeaux qui font à la rade ; ces fortifications ne paroiffent point dans le plan de la ville, au tableau de Louis XIII. Il fit faire encore une bare, c'eft-à-dire, une éclufe pour nettoyer le port par la jettée du fud, & il fit élever auprès une petite tour, qu'on appella du nom de fa Maifon, *la Tour d'Oife.* Il fit curer les foffés de la ville, élargir & creufer ceux du baftion de Sainte Adreffe, au milieu duquel on éleva divers bâtimens, & où il faifoit veiller bon nombre de gardes fous un Capitaine ; c'eft que ce baftion commande beaucoup la mer, & eft très-propre à la découverte. Mais le plus bel ouvrage de M. de Villars, eſt d'avoir fait faire, ſous la cour de l'hôtel de ville, de grandes voûtes en maniere de citernes, où l'on garde l'eau, avec abondance, pour la néceſſité. On a fait la même choſe dans la ſuite des tems ſous une partie de la place d'armes de la citadelle ; précaution très-ſage en cette ville où malgré la dépenſe des canaux & des fontaines, on a ſouvent diſette d'eau.

1582. Voici deux évenemens aſſez remarquables pour être rapportés ici. 1°. Une femme nommée Colombe de Charry étant décédée, fut trouvée groſſe d'un embrion bien formé dans toutes ſes parties, mais dur à l'extérieur comme une pierre, ou comme un morceau de plâtre. Le cœur, le foie, les inteſtins, &c. étoient d'une chair fort dure, les os de la tête étoient reluiſans. Le plus ſingulier, eſt que la mere avoit porté, dit-on, ce fétus pendant 28 années. La diſcuſſion de ce prodige n'eſt pas de ma compétence ; & comme il n'eſt pas rapporté dans nos mémoires, je ne garantis point ſa réalité. Voici le ſecond : une jeune femme de moyenne taille, nommée Jeanne Dunin, chemin, épouse de Bertrand Campion, Maître de Navire, natif de Fécamp, & d'une puissante stature, accoucha de cinq filles (1586-7) qui furent toutes baptisées, & dont une vécut environ vingt-quatre heures. L'année suivante elle mit au monde sept enfans tout-à-la-fois, de l'un & de l'autre sexe, dont aucun n'eut le baptême, la mere s'étant blessée, sur les bancs de l'Eglise, & les ayant fait mourir, avant que de pouvoir leur donner le jour.

Procès pour le Patronage.

1586. Le procès de l'année 1583, pour le patronage des Eglises du Havre, se réveilla trois ans après avec beaucoup de chaleur, entre Pierre Deschamps Procureur du Roi à Montivilliers, & le Présenté par le Roi d'une part, & Jacques Leger Sécretaire du Roi, Seigneur de Graville, & son présenté d'autre part. L'Arrêt qui s'ensuivit le 7 de Juillet 1586, ne décida rien pour le fonds ; il appointa seulement la cause qui fut renvoyée au Conseil. Il n'y a pas effectivement matiere à procès, & d'un seul mot, quand il voudra, le Roi peut chan-

L

ger la condition de ces deux Eglises qui font de fondation royale. On trouve, dit-on, dans l'Arrêt qui fut rendu fur les plaidoyers, les raifons du Roi, & celles du Seigneur de Graville. Nous fouhaiterions qu'on les eût rapportées. Voici ce qu'il faut fçavoir fur cela. Il n'y a point de paroiffe en titre dans la ville du Havre, les deux Eglifes qu'on y a élevées, ne font que des aides ou des fuccurfales de la Paroiffe du village d'In-goville dont dépendoit, & dont dépend encore pour le fpirituel tout le territoire de la ville. Cependant on a tenté plufieurs fois de faire paffer ces deux Eglifes pour un bénéfice diftinct & féparé de la Cure d'Ingoville. Le Roi y préfenta en 1549, en 1554, en 1586, & en 1656, & toutes ces préfentations furent admifes à l'Archevêché de Rouen. On eut même des Lettres de la Chancellerie pour être maintenu au droit de Sa Majefté. Mais le Seigneur de Graville, Patron laïc de la Cure d'Ingoville, s'eft toujours oppofé aux prétentions des nouveaux Pourvûs. L'on peut dire que le fuccès de fon op-pofition a toujours été l'effet de la faveur du Roi. Le territoire du Havre avoit

été suffisamment distrait de celui d'Ingoville, puisqu'il étoit clos de murailles,
& que le Roi François I. avoit supprimé
en 1541 les rentes seigneuriales qu'en
percevoit le possesseur de la terre de Graville. Il avoit eu sans doute ce pouvoir, & il n'avoit pas cru faire d'injus-
tice au Seigneur de cette terre. (a) Il ne
manquoit donc aux Eglises du Havre,
pour être un ou deux bénéfices séparés,
qu'un décret de l'Archevêque de Rouen
qui les érigeât en Cures. Mais, enfin ce
décret n'a pas été donné, & les Curés
du village d'Ingoville sont demeurés
jusqu'à présent en possession d'exercer
leur ministère & leurs fonctions curiales
dans toute l'étendue de la ville du Havre, comme faisant partie de leur paroisse. Il est vrai qu'ils desservent par
eux - mêmes l'Eglise de Nôtre-Dame,
& qu'on les appelle ordinairement Curés
du Havre ; mais le titre de la Cure est
toujours à Saint Michel d'Ingoville, &

(a) Cette Terre a été depuis érigée en Marquisat, & on lui a attribué la haute, moyenne,
& basse - Justice ; ce qui, entr'autres choses,
peut tenir lieu d'une bonne Indemnité.

c'eſt-là qu'ils doivent prendre poſſeſſion de leur bénéfice.

Ingoville & Ingouville ſont deux villages différens ; le premier eſt voiſin du Havre ; le ſecond eſt de l'exemption de Fécamp. On prétend que celui du Havre ne doit point avoir d'*u* voyelle, & doit s'écrire comme je l'écris ordinairement. C'eſt le même nom d'origine, formé de *villa*, mot générique qui revient à celui de ferme, métairie, village ; & d'Igou, ou Ingou, *Ingulfus* en latin, nom d'homme. La plûpart des villages, principalement au pays de Caux, tirent ainſi leur nom de quelqu'un ſans doute de leurs anciens Seigneurs. La choſe n'eſt pas nouvelle, (*vocaverunt nomina ſua in terris ſuis*, Pſ. 48.) Ce ſera donc *Ingulfi villa*, de même que *Gerardi villa*, Graville, abregé pour Gerard-ville. Voici en paſſant la liſte des Curés d'Ingoville ou du Havre.... Pierre de Roullin, Etienne de Reins, Jacques Vimoht, Adam Deſchamps, Pierre Duboſc, Guillaume Hamart, Jean Louvel, Jacques Martel Religieux Carme, Roland l'Herel, Gaulde, Gimar, Teſtel, Michel Bourdon natif de la ville & Docteur de Sorbonne,

Jean-Baptiste de Clieu, auſſi Docteur de Sorbonne, né à Dieppe, Jerôme Pouget, Charles-Marie de Quelen, actuellement Evêque de Bethléem, & Abbé de la Rivour, Carrion natif du Havre, & N. Mahieu, Docteur de Sorbonne, vivant. (17ᵉ.) Revenons à l'Hiſtoire.

Le Roi veut enlever le Havre de Grace
à la Ligue.

1588. L'éloignement du Duc d'Epernon ſembloit devoir appaiſer la tempête qui agitoit la France. Le Roi en effet entendit plus volontiers à quelque accommodement avec la Ligue. Mais on connut que ce n'étoit que pour lui fouſtraire les places dont elle avoit la jouiſſance, particuliérement le Havre de Grace & Orléans. Ce fut pour recouvrer cette premiere ville, qu'il fit le voyage de Rouen ; mais Villars-Brancas qui tenoit le Havre, homme réſolu, qui d'ailleurs avoit engagé ſa parole au Duc de Guiſe, nè voulut jamais ſe laiſſer fléchir ; ce qui obligea le Roi de ſe réconcilier avec la Ligue.

1589. Le Roi Henri III. ayant été assassiné à Saint-Cloud par un Moine détestable, Henri IV. légitime héritier de la Couronne de France, se retira en Normandie pour y recueillir quelques troupes qu'il attendoit de la Reine d'Angleterre. Le Maréchal de Biron, le meilleur de ses généraux, qui s'étoit déclaré le premier en sa faveur, lui soumit Fécamp., Harfleur, Caudebec, & une partie de cette Province. Mais André de Brancas-Villars, Gouverneur du Havre, surprit Harfleur, dont Brissac étoit Capitaine, & en fit sauter les fortifications. Prévoyant ensuite qu'on alloit fair (1590) le siége de la ville de Rouen avec une puissante armée, Villars s'y rendit en diligence sur une galere qu'il avoit fait bâtir au Havre de Grace ; & y fut établi Gouverneur de Normandie pour la Ligue, & en particulier de la ville de Rouen à la priere des Bourgeois. Cette Ligue avoit eu la précaution d'obliger la ville de Paris à fournir à ce Gouverneur du Havre la somme de 30 mille écus, pour l'attacher plus étroit

tement à son parti. (1590). Villars si-
gnala son courage & sa hardiesse dans la
ville de Rouen ; il se fit rendre le château que les Royalistes avoient surpris le
19 de Février; & deux ans après pendant
le siége de la ville (1592,) il fit des
sorties assez heureuses contre les troupes
de Henri IV. mais s'étant trouvé foible
presqu'aussitôt, il eut besoin de l'arrivée
du Duc de Parme, qui fit lever le siége
à ce grand Prince.

Fondation des Capucins.

1590. Marie de Batharnay, Comtesse
de Bouchage, épouse du Maréchal de
Joyeuse, & mere du Gouverneur dont
nous avons parlé, vint au Havre pendant
ces troubles, & y séjourna longtems en
deux voyages qu'elle y fit. Cette Dame
étoit recommandable par l'innocence de
ses mœurs & l'austerité de sa vie. Elle
fonda dans cette ville (sans doute à cause
de son fils le Pere Ange de Joyeuse) les
Capucins à qui l'on donna pour Eglise,
Convent & lieux réguliers, l'Hôpital &
son Eglise avec plusieurs autres terreins
situés au quartier des Bares. Pour avoir
dans l'Etat un être légitime & durable, il

L iv

faut être autorisé par la puissance sécu-
liere. Ainsi les Capucins qui manquerent
d'abord de l'approbation du Prince, pré-
senterent dans la suite leur requête à
Henri IV. pendant son séjour au Havre
en l'année 1603. Il consentit à leur établissement, & le confirma par des Lettres
Patentes; ils n'eurent plus sur cela aucune
inquiétude, & dédierent cette même année leur Eglise à Saint Sauveur, le 10
de Septembre.

Majesté du Service divin au Havre de Grace.

Les Processions qui se faisoient alors
les Dimanches & les Vendredis, & autres
jours, par la ville du Havre, & autour des
Cimetieres de Notre-Dame, furent com-
mencées par les avis & à l'instigation de
cette pieuse Fondatrice des Capucins. Les
plaidoyers de 1586 avoient déja fait
l'éloge de la maniere édifiante avec laquelle on faisoit le Service divin dans
cette Eglise; ils attestent que de tout
tems les cérémonies de la religion y
avoient été observées avec autant de
décence & de grandeur que dans aucune
Eglise de France; ce qui étoit étonnant,

fi l'on faifoit attention à la nouveauté de cette ville. On trouve une requête en forme de réglement, préfentée au grand Archidiacre de Rouen faifant fa vifite, par Polidamas Hacquet, Lieutenant Civil & Criminel, & Tréforier ou Marguillier en 1584, dans laquelle il paroît que c'étoit l'ufage en ce tems-là de faire chanter dans l'Eglife de Notre-Dame, les Dimanches & Fêtes folemnelles, la Meffe paroiffiale en mufique. Cette pieufe gravité dans la célébration des faints Offices s'eft maintenue jufqu'à nos jours, & l'on y admire toujours le même ordre dans les cérémonies.

Le Havre de Grace rendu à fon Souverain.

Cependant Henri IV. ayant fait fon abjuration entre les mains de l'Archevêque de Bourges, la ville de Rouen ne tarda pas à imiter celle de Paris dans fon obéiffance. Par un commun accord de tous les ordres de la ville, Villars ayant traité avec le Roi, ébranla ce qui tenoit encore pour les Ligueurs dans la province de Normandie, & dès-lors même foumit (1594) à fa légitime autorité, Rouen, le Havre de Grace, Harfleur, le Pont Audemer, Montivilliers & Verneuil; qui étoient en sa puissance; ce qui lui acquit entr'autres bienfaits la charge d'Amiral.

Le Roi pour accomplir le traité qu'il avoit fait avec Villars, pour la réduction de ces places, donna un Edit où après avoir fait mention des heureux succès que le Ciel lui a accordés, il déclare & ordonne qu'il n'y aura que l'exercice de la Religion Catholique, Apostolique & Romaine dans la ville & vicomté de Rouen, dans la ville, fauxbourgs & banlieue du Havre de Grace, ville & fauxbourgs de Verneuil, & autres places remises en sa puissance par le traité de Villars, pour quelque personne, ou prétexte que ce soit.... qu'il n'y aura en tous ces lieux, jusqu'à nouvelle ordonnance, aucuns Juges ni Officiers qui ne professent la Religion Catholique, Apostolique & Romaine. Cet Edit fut enregistré au Parlement le 26 Avril de la même année, & toutes ces villes commencerent à respirer sous le joug aimable de ce bon Prince.

1595. Le Gouverneur du Havre ne survécut pas long-tems à ce traité. Après avoir fait bâtir dans ce port cinq navires depuis 300 jusqu'à 600 tonneaux, il fut pris dans la guerre que nous eûmes avec l'Espagne , & mis à mort indignement par les Espagnols , en punition de ce qu'il avoit quitté le parti de la Ligue. Son cœur fut apporté au Havre de Grace, & inhumé dans l'Eglise Notre-Dame au pied du baluftre de la Sainte Vierge. Le veftige en eft effacé depuis quelque tems, & on a renouvellé les vîtres de la chapelle des Carmes où ce Gouverneur étoit peint en habit de guerre. Les devoirs de la fépulture lui furent rendus par Georges de Brancas , Chevalier d'Oife , depuis Duc de Villars , fon frere , qu'il avoit fait fon Lieutenant au Havre dès le mois de Décembre 1593 , & qui lui fuccéda dans le gouvernement de cette ville.

Mort tragique des trois Raulins.

1599. Ses premieres années font mar-quées par la fin tragique des trois Raulins, Officiers de la garnifon. Ifaïe Raulin de la Regnardiere, Cornette d'une des Com-pagnies de Gens de pied du Duc de Villars, Pierre Raulin , Sieur de Saint-Laurent, Lieutenant d'une Compagnie de Fan-taffins entretenue par le Roi en Normandie, & Jacques Raulin de Rogerville, Enseigne de cette derniere Compagnie, étoient fils de Robert Raulin Écuyer, Avocat au Havre de Grace. Ayant été mandés à l'Hôtel de ville, où de la part du Commandant qui les haïssoit, on leur tendit des piéges, ils furent sommés d'obéir à de certains ordres qu'ils crurent opposés au service du Roi. Sur leur refus parurent tout d'un-coup des gens armés qui s'étoient garnis de plastrons pour les combattre. Deux Raulins furent renversés dans la salle des assemblées, mais le 3e. s'étant dégagé, s'échapoit déja par l'ouverture des galeries qui regnent sur la cour, lorsque malheureusement il demeura accroché à un clou de la muraille. Il fut massacré en cet endroit. Peut-être y avoit-on mis exprès ces obstacles ; mais c'est une tradition accréditée dans cette ville, que les carreaux de cette galerie s'étoient tellement abbreuvés du sang de ce malheureux, qu'il avoit été absolument impossible de les nettoyer, & qu'on y voyoit encore fort long-tems après ces marques sanglantes. Le pere des Raulins par des largesses qu'il fit au peuple, pensa le soulever, & exciter une sédition. Cependant on les

nterra fecretement dans une des aîles
e l'Eglife de Notre-Dame, où l'on voit
eur épitaphe fur le pilier de la chapelle
de Saint Sebaftien. On y trouve ingénu-
ent qu'ils décéderent tous trois à la
même heure en cette ville le 16 de Mars
1599. On répandit dans le public qu'ils
étoient coupables envers le Prince ; mais
ce n'étoit qu'un prétexte qui n'autorifoit
pas les voyes de fait & les exécutions
précipitées fans les formalités de la
juftice. Les gens de bien qui connoiffoient
la fidélité inviolable de ces trois freres,
fçurent parfaitement démêler le vrai à
travers ces manéges, & demeurerent
perfuadés que la jaloufie de l'eftime qu'on
avoit pour eux, les avoit immolés à la
paffion de leur adverfaire.

1602. Trois ans après cette cruelle fcêne,
le Duc de Villars fit démolir les murailles
de la ville de Harfleur. Nous avons vû
que dès 1590 André de Brancas l'avoit
furprife fur M. de Briffac pour la fou-
mettre à la ligue, & en avoit aboli les
forces dans la crainte qu'elles ne fervif-
fent à faire prendre le Havre. Le Duc
de Villars acheva de les ruiner. Comme

le Havre a succedé à la ville de Harfleur;
(*a*) il est à propos de faire connoître à
fond cette célebre place. Nous en ferons
un article séparé à la fin de cette Histoire.

Henri IV, vient voir la ville du Havre.

1603. Henri le Grand voulut voir la
ville du Havre, & y fit son entrée dans
l'année 1603. On ne nous a point conservé les circonstances de cette entrée.
Il paroît que ce généreux Prince écarta
les cérémonies pour ne laisser à son peuple que le spectacle de sa personne, & ne
fixer son attention que sur ses bontés.
Il y eut cependant quelques réjouissances
où se livra de tout son cœur, ce peuple
fidele charmé de sa vûe. Au milieu de la
satisfaction que cela causoit au Roi, le
Gouverneur de la ville représenta à Sa
Majesté, qu'on ne pouvoit achever l'édifice de Notre-Dame sans le bénéfice des
vieux sels de Terreneuve dont la Communauté faisoit présent à cette Eglise, &

(a) Un des Habitans d'Harfleur s'étoit opposé
à la fondation de celui-ci, ce qui ne fut d'aucune
conséquence.

ont on empêchoit de faire la vente à son
rofit. La piété de ce Prince accorda par
chaque année la fomme de 1500 liv. réduites depuis à 1200, fur les Gabelles
de France, pour le bâtiment & l'entretien de cette Bafilique. Elle en conferve
le contrat original qui fut paffé l'année
fuivante entre les Adjudicataires généraux des Gabelles de France & les Tré-
foriers ou Marguilliers de Notre-Dame.
Cet arrangement étoit plus folide, puifque la vente de ces vieux fels étoit cafuelle
& variable ; & on y a beaucoup gagné,
puifqu'il n'y a plus au Havre de voyages
pour la Terreneuve depuis longtems, &
que la donation d'Henri IV. fubfifte à
perpétuité. On donne de plus au Curé
& à fes Vicaires gratis une certaine quantité de fel pour leur provifion.

LOUIS XIII.

1610. Porte du Perré.

Au commencement de ce regne M.
de Villars établit pour fon Lieutenant au
Havre de Grace Hugues d'Athenoux,
Sieur de Gougeon, & fit conftruire la
nouvelle porte du Perré dans le voifinage

de la tour & de la jettée. L'ancienne por-
beaucoup plus éloignée de l'entrée d
port étoit située au milieu du rempar
à distance égale du bastion de S. Andr
& de celui de la Musique. Elle avoi
une fortification avancée au-dessus du
pont, qui est peut-être l'éperon donc
nous avons parlé. M. de Vauban a couvert cet endroit d'une grande demi-
lune. Il paroît dans un ancien plan, que
la nouvelle porte n'avoit ni pont, ni
fossé ; mais lorsqu'on eut augmenté le
nombre des écluses sur la jettée du nord,
ce qui s'est fait en différens tems, il fallut
agrandir le réservoir de la premiere bare,
de plus de moitié, & faire une communication de ce bassin au fossé de la ville,
comme elle se voit aujourd'hui. Alors on
pratiqua sur cette saignée le grand pont
qui sert de passage à la porte. Le Duc de
Villars augmenta de largeur la terrasse de
Sarlabos depuis la porte jusqu'à la tour,
& l'on ajusta la porte du Perré de maniere
qu'elle forme un réduit profond égal à la
largeur de la terrasse. Ces travaux se
firent sans doute sous la régence de
Marie de Médicis ; car on trouve au mur
de la terrasse du côté de la ville l'écusson

de

de cette Princesse joint à celui du Roi. Il
paroît par quelques fragmens de pierres,
que l'on passoit au-dessus de la porte pour
aller des deux côtés ; & tout cet ouvrage
forme une espece de château dont la tour
est le donjon. Ce fut encore sous le gouvernement de la Reine mere qu'on revêtit les remparts & les bastions de briques
avec des chaînes de pierres , & qu'on mit
aux bastions dans l'intervale de ces chaînes la lettre (L) sous une couronne.
Mais il faut dire que ces remparts furent
seulement refaits ou réparés , car nous
avons vû plusieurs fois que la ville avoit
de fortes murailles ; ce qui étoit absolument nécessaire. Je pense aussi, que ce fut
alors que l'on construisit le bastion de S.
André en mémoire d'André de Brancas
à qui le Duc de Villars son frere avoit
succedé dans le gouvernement du Havre.

Monastere de Religieuses.

Les Capucins ne furent pas le seul
Couvent de la ville. Les Carmelites de
Rouen qui avoient eu quelque dessein de
'établir au Havre, achieterent pour cela
ne maison qu'elles revendirent en 1623
ux Religieuses de l'Abbaye de Monti-

M

villiers. Celles-ci y érigerent une chapelle qui fut benite le 28 Octobre 1624
sous le nom de Notre-Dame de Pitié ;
d'autres disent de Bon - Secours ; &
peu de tems après elles s'en mirent en
possession au nombre de huit ou dix sous
la conduite d'une Prieure. Ce Monastere
ne subsista pas longtems, la dureté de
l'air ne put convenir à ces Religieuses,
& on revendit en 1627 la place &
tous les lieux réguliers aux Ursulines
de Rouen. Denis Barbei Echevin de la
ville fut celui qui travailla le plus à faire
réussir ce dernier établissement : sa fille
Marguerite Barbei en a été la premiere
Supérieure. Ces Religieuses obtinrent au
mois de Juillet 1628 des Lettres patentes qui furent vérifiées au Parlement de
Rouen le 21 Janvier 1640, à condition
qu'elles ne pourroient réunir à leur Monastere aucune maison située ailleurs
qu'en la place de l'Ilot. On appelloit
ainsi le lieu qu'elles occupent, parce qu'il
avoit été long-tems environné d'eau.

Notre-Dame des Neiges.

1622. M. de Villars avoit acquis aux
Capucins dès 1622, la chapelle appellée

maintenant Notre - Dame des Neiges ,
affez près de la pointe du Hoc, dans les
ruines du petit Leure. Ce lieu eft affez
ancien. On y découvrit fur la fin du fei-
ziéme fiécle un grand nombre de tombes,
une entr'autres de l'an 1325. Quelques
mémoires (des Capucins) portent qu'en
1294, Jean Quênel, Diacre, Seigneur
du fief de la Quênée, donna tous fes
biens aux Religieux de Graville, en faifant profeffion dans leur Monaftere, à
condition qu'ils feroient bâtir près du
manoir de fon fief une chapelle qui feroit
deffervie à l'avenir par deux de la Maifon. On l'appella pour cette raifon la
chapelle de la Quênée. Mais au commencement du dix-feptiéme fiécle, elle
n'étoit plus connue que fous le nom de
Notre - Dame des Perrés , à caufe du
galet ou des pierres que la mer entaffe
fur cette rive. Les Religieux de Graville, qui n'y faifoient plus alors aucun
Office , la céderent aux Capucins du
Havre, à la follicitation de M. de Villars, qui la dota de deux cens cinquante
livres. Ils en ont fait un hofpice pour le
convent du Havre, & ce n'eft que depuis
ce tems-là que la chapelle a pris le nom

de *Notre-Dame des Neiges*, dont ils font la fête. J'ignore de quelles mains les Capucins du Havre ont reçu ces mémoires, dont je ne garantis point l'authenticité. Quelques-uns ont prétendu que la chapelle des Neiges avoit été le lieu du martyre, ou du moins le premier tombeau de fainte Honorine, dont on trouva le corps fur ce rivage, au quatriéme fiécle. Ils prétendent donc que la chapelle des Neiges appartenoit au Prieuré de Graville, à d'autre titre que celui de la donation du Diacre de la Quênée. Mais il n'eft pas fûr qu'il y eût des Chanoines établis à Graville (*a*) avant la tranflation des reliques de la Sainte, & peut-être faut-il defcendre jufqu'au tems de la fondation de Guillaume Mallet, Sire de Graville. D'ailleurs, il ne paroît pas que le terrein des Neiges exiftât au quatriéme fiécle, & l'opinion des Capucins fur l'origine de leur chapelle, qu'ils ne difent exifter que depuis la fin du treiziéme, ne porte point de préjudice aux Chanoines réguliers, pourvû qu'ils reconnoiffent que l'églife de Graville doit

(*a*) Du moins de ceux qui obfervoient le réglement d'Aix-la-Chapelle.

vraifemblablement fa naiffance à l'invention de ce Corps faint , & qu'il y re-
pofa jufqu'à fa tranflation au neuviéme
fiécle , quoiqu'on ne puiffe affigner le
tems préfix où commença dans ce lieu
l'obfervance réguliere. On voit dans la
chapelle des Neiges, qui eft très-ornée,
les armoiries de Villars - Brancas , &
celles de S. Aignan.

M. de Villars, quelques années après,
quitta le gouvernement du Havre de
Grace , dont il jouiffoit depuis long-
tems. Ce fut en Octobre 1628, quand
la Rochelle fut réduite à l'obéiffance
de Louis XIII. & après qu'on eut dé-
farmé les féditieux Calviniftes à Rouen,
Caen , Dieppe , au Havre , &c. où la
Religion prétendue réformée n'étoit pas
la plus forte. Alors on envoya au Havre
une nouvelle garnifon. Dès 1626, Louis
XIII. avoit fupprimé les charges d'Amiral
& de Connétable, mais il avoit donné la
Surintendance de la marine au Cardinal
de Richelieu. Il le fit cette année (1628)
Gouverneur du Havre. Auffi - tôt ce
grand Miniftre fit travailler à tous les
ports du royaume , & la Marine prit
une nouvelle forme , avec un accroiffe-
ment vifible de fplendeur.

Fonderie royale.

Dès 1627, le Cardinal avoit établi au Havre de Grace une fonderie royale, pour en tirer tel nombre de canons qu'il voudroit, & les employer ſur mer, ſelon ſa prudence. J'ai vû dans le château de Caen un des beaux canons de bronze qui en furent tirés. Ils portent une ancre avec le monogramme du Cardinal. Mais les monumens qui ont éterniſé ſa gloire au Havre de Grace, ſont la citadelle, l'ouvrage à cornes, & la porte d'Ingoville.

1628. Le Cardinal de Richelieu, gouverneur du Havre, fait bâtir la citadelle, &c.

On s'accorde à regarder la citadelle du Havre, comme une des plus belles & des plus régulieres qui ſoient en Europe. Nous avons vû que Charles IX. en avoit fait commencer une, dont la forme ni la ſituation ne purent convenir, & qui demeura imparfaite. Celle-ci fut commencée un peu plus loin ſur le rivage & bien plus en grand. Pour faire voir combien ce deſſein importoit à l'Etat & à la ville, le Roi voulut bien

envoyer aux habitans une lettre où ce
Prince en détaille tous les motifs. On
abolit pour cela des marais falans , qui
rapportoient une affez grande quantité de
fel, on détruifit plufieurs maifons qu'on
avoit élevées dans cette partie méridionale du quartier des Bares , on nettoya la
place en ôtant quantité de ruines de l'ancienne fortification ; & comme en général ce n'étoit encore que des marais peu
folides , on fit les fondations fur des
pilotis. Cependant les murs fe font af-
faiffés dans toute l'étendue, mais prefque
également. On y conftruifit un grand nombre de cazernes qui formoient des rues
autour de la place d'armes , un grand
logis pour le Gouverneur, une chapelle ,
& des magafins d'artillerie. On changea
un peu dans la fuite la premiere difpofi-
tion des bâtimens de cette citadelle, qui
eft flanquée de quatre grands baftions.

Quoique la lettre du Roi énonçât fi
bien les raifons & la néceffité d'élever
cette forterefte ; comme le Cardinal la
faifoit bâtir à fes dépens , il y eut des
efprits mal intentionnés , qui le foup-
çonnerent de la deftiner à lui fervir de
refuge , parce , difoient-ils, qu'elle eft

située de maniere à pouvoir écraser la ville ; mais c'étoit ignorer la nature des choses ; car, outre que cela est ainsi dans toutes les places, rien n'est plus conforme à la destination de cette citadelle, que le commandement qu'elle a sur le port & sur la ville, pour en chasser l'ennemi, s'il y vouloit établir sa résidence. Il est vrai que le Cardinal se croyant perdu avant l'évenement de la journée des dupes, se préparoit à aller au Havre de Grace, qu'il avoit choisi pour sa retraite ; mais ce n'étoit point pour s'y retrancher au préjudice de l'Etat ; c'étoit pour mener loin de la vûe de ses ennemis une vie privée dans un lieu, dont le Roi lui avoit confié la garde.

L'ouvrage à cornes étoit un grand rempart, formant plusieurs angles ou détours, avec une banquette en dedans pour pouvoir considérer les vaisseaux qui séjournoient à la rade. Il étoit fort près de la mer, s'étendoit depuis la porte avancée du Perré jusqu'au-dessus de la pointe du bastion de Sainte-Adresse, & couvroit ainsi tout le flanc de la ville. Il renfermoit quelques moulins à vent & quelques maisons. On l'a détruit pour lui substituer d'autres ouvrages. On

On ne peut difconvenir que la porte d'Ingoville n'ait une magnificence & une apparence de grandeur parfaitement digne du génie de ce Cardinal. Sa force réguliere égale fa beauté. Le milieu qui réunit un grand nombre d'ornemens d'architecture , eft accompagné de deux grandes tours. Nous en ferons exactement la defcription dans la feconde partie.

Les trois demi-lunes qui font placées entre le baftion de Sainte-Adreffe & celui de la Mufique , ainfi que celle qui fe trouve entre le baftion de la Mufique & celui des Capucins , furent faites dans ce même-tems; elles ne font point revêtues, finon celle qui couvre la porte, encore ne l'a-t-elle été que longtems après. Elles furent compofées des terres du baffin, auquel on donna les dimenfions qu'il a aujourd'hui.

Le Cardinal de Richelieu fit conftruire au Havre grand nombre de navires, & la plus grande partie des vaiffeaux du Roi, tant qu'il vécut, féjourna dans le port de cette ville. Il fuivoit en cela la premiere deftination de ce port. En effet, depuis fon origine, ce fut en cet endroit qu'on équipa toutes les flottes ; foit contre les ennemis du royaume, foit pour les voyages de la nouvelle France, foit pour la pêche des baleines dans le nord, foit pour purger les mers de pirates, foit contre la Rochelle, foit enfin pour reprendre les ifles de Saint Honorat & de Sainte Marguerite. Auffi nous avons vû que nos Rois, après leur avénement au trône , venoient en perfonne prendre poffeffion du Havre de Grace , dont fembloit alors dépendre pour la mer la fortune de la France. Plufieurs Princes étrangers en vinrent voir les fortifications , & le gouvernement de cette place n'étoit accordé qu'aux plus grands Seigneurs du royaume. On y a bâti depuis le ministere du Cardinal de Richelieu un nombre infini de vaiffeaux de guerre, & ils ont la réputation d'être excellens voiliers.

L'Eglife de Notre-Dame eft achevée.

1636. Depuis la donation de Henri IV. en l'année 1603 , on reprit les travaux de l'Eglife de Notre-Dame, qui fut achevée, comme elle eft aujourd'hui, en 1636. Cependant les collateraux n'embraffent

pas le rond-point, comme dans la plûpart des grandes Eglifes, ce qui donneroit beaucoup d'aifance au peuple nombreux qui s'y trouve dans les Fêtes. (a)
Mais cela ne fait point un défaut à proprement parler. C'eſt la même choſe à S.
Pierre de Rome & à S. Paul de Londres ;
& dans les Eglifes de Ste. Geneviéve &
de Ste. Madeleine de Paris, qu'on éleve
actuellement, la voûte des fous-aîles
n'environnera point le chœur. La chapelle
de la Vierge eſt adoſſée au chevet de
l'Eglife dans une fuperbe décoration, &
le grand autel eſt en-deçà, féparé par des
baluſtres, comme il fera pratiqué dans
la belle Eglife de la Madeleine à Paris.
Le principal portail eſt d'une grande
conſtruction, mais il n'eſt pas achevé ;
c'eſt une perte pour cette architecture ;
& il me femble qu'à raifon de la donation
d'Henri IV. on feroit obligé de le finir.
Nous verrons dans la defcription de
cette Eglife, ce qui manque à ce portail.

1638. Dès 1638 ce portail qui s'étoit
incliné de 22 pouces fur la grande rue ;

(a) Plus de trente mille Habitans au Havre.

commençoit à ménacer ruine. On n'ofoit plus paffer devant, les maifons voifines étoient abandonnées , & on parloit de l'abattre , lorfqu'un fimple Mâçon le remit à plomb fans rien démonter. Il creufa d'abord fous les fondemens du côté de l'Eglife ; ayant enfuite chaffé des coins de fer & de bois dans les piedeftaux des colonnes du côté de la rue pour ébranler l'ouvrage , toute la maffe du portail fe redreffa à vûe d'œil, & retomba dans les foffes qu'il avoit creufées. Ce fuccès miraculeux dans une chofe défefpérée attira les yeux de tout le monde fur l'habile Entrepreneur qu'on avoit traité de vifionnaire. Cette induftrie étoit d'autant plus belle , qu'elle étoit plus fimple & plus directe pour opérer feule un fi grand effet. Il n'eut cependant que 400 livres de récompenfe pour un fi grand fervice.

Cette même année la communauté du Havre fit préfent à l'Eglife de Notre-Dame d'un grand jeu d'orgue & d'un magnifique buffet, où elle fit appofer les armes du Gouverneur de la ville , le Cardinal de Richelieu, qu'elle regardoit à jufte titre comme fon bienfacteur. La seconde cloche de cette Eglise est appellée la cardinale, soit qu'elle ait été donnée par lui, soit encore pour faire honneur à sa protection. On prétend que ce Ministre avoit dessein de diviser le diocèse de Rouen, & de mettre un Evêque au Havre, qui en est éloigné de dix-huit lieues. Il finit ses grands travaux le 4 de Décembre 1642, & il légua par son testament à Armand de Maillé, son neveu, fils d'Urbain de Maillé, Marquis de Brezé, Maréchal de France, & de Nicole du Plessis sa seconde sœur, le Marquisat de Graville. Louis XIII. ne lui survécut que peu de mois.

LOUIS XIV.

1643. Le gouvernement du Havre de Grace fut donné au Duc de Richelieu, petit-neveu du Cardinal, encore mineur, & il fut régi, après le décès du Marquis de Vignerot son pere, par la Duchesse d'Aiguillon sa tante. Deux ans après, Charles I. Roi d'Angleterre, maltraité par ses sujets, fit passer dans la France, toujours secourable aux malheureux, la Reine son épouse, & la Princesse Henriette sa fille, qui fut depuis

N iij

épouſe de Monſieur. Elles débarquerent
au Havre de Grace (1645.) & furent
conduites ſous le dais à l'hôtel de ville,
au milieu de la Bourgeoiſie qui étoit ſous
les armes, La porte fut gardée par cinquante jeunes hommes de vingt à vingt-
cinq ans, choiſis ſur tous les autres, &
l'on diſtribua de plus une eſcorte aux environs de leur appartement.

1648. Le miniſtere du Cardinal Mazarin, ſous la régence de la Reine-Mere,
cauſoit de la jalouſie, & donnoit de
l'ombrage aux Princes du Sang, qui étant
exclus du gouvernement, formoient un
parti dans le Royaume. Dès 1648 la
Ducheſſe d'Aiguillon qui régiſſoit le gouvernement du Havre, avoit envoyé trois
cens Soldats de la garniſon de la citadelle, ſous les ordres de M. de la Vergne,
dans la ville de Harfleur, où ce Capitaine, ſans autre défenſe que les profonds
foſſés de cette place démantelée, attendit
hardiment la Milice du pays, par le
moyen de laquelle le Duc de Longueville méditoit de s'en rendre maître.

1650. Prison des Princes dans la citadelle du Havre.

En 1650, les Princes de Condé & de Conti, & le Duc de Longueville leur beau-frere, furent arrêtés, conduits au Bois de Vincennes, ensuite au château de Marcoussy, & enfin à la citadelle du Havre de Grace. Le Maréchal d'Harcourt fut chargé de les amener, & on les environna de tant de troupes, qu'il sembloit plutôt que ce fût un cortége d'honneur, qu'une escorte de sûreté. On mit des grilles de fer aux fenêtres & aux cheminées du logis du Gouverneur, & ils y furent détenus quelque tems. Le Parlement s'intriguoit pour leur liberté, & le Duc d'Orleans ayant appuyé sa demande, le Cardinal Mazarin vint au Havre pour les délivrer, ou du moins pour leur apporter la nouvelle de leur délivrance. Il se vêtit magnifiquement, & fut en carosse à la citadelle avec le train d'un Ambassadeur, espérant les réjouir & leur faire sa cour. Mais les Princes bien persuadés que leur liberté loin d'être son ouvrage, l'affligeoit, ne voulurent point lui accorder la permission de les voir. Il partit fur le champ, & le Maréchal de Grammont qui croyoit apporter le premier aux Princes l'ordre du Roi, pour leur délivrance, les trouva déja prêts à partir. Le Cardinal Mazarin fe retira à Cologne, & le Roi étant devenu majeur, il fembloit que le Royaume alloit reprendre fa premiere tranquillité. Cependant, foit que le Prince de Condé eût du reffentiment de fa prifon, ou qu'il eût de nouvelles défiances, il fe retira à Bordeaux, & prit les armes. Alors les troubles recommencerent, & plufieurs villes embrafferent le parti des Princes.

1651. *Complot de fept Soldats découvert.*

Dans ces conjonctures, il fe fit au Havre une confpiration pour rétablir le Duc de Richelieu, partifan du Prince, dans fon gouvernement dont il fembloit dépouillé. Mais les conjurés ayant voulu engager dans leur complot un des Echevins de la ville, & plufieurs Nobles du voifinage, ils furent découverts, & cet Echevin (Grenier de Cauville,) en acquit des Lettres de Nobleffe, qui furent auffi octroyées à deux autres perfonnes,

Un Sergent nommé la Ronce, avec cinq Soldats de la garnison, avoit tramé cette perfidie ; il fut rompu vif ; & les autres complices connus sous les noms de Travers, la Fleur, Duclos, Champagne, & Saintamour, furent pendus : Pendant l'exécution qui se fit sur la place du port, la Bourgeoisie fut sous les armes, & l'on suspendit les têtes de ces malheureux aux bastions, & aux portes de la ville & de la citadelle ; un septiéme Soldat qui découvrit un peu tard cette conjuration, fut banni, après avoir assisté à l'exécution des plus coupables. J'ai vû dans les archives de la ville du Havre la lettre du Roi, qui témoigne aux Habitans son extrême satisfaction à l'égard de leur fidélité, & qui leur enjoint de ne recevoir, pour les commander, personne qui n'ait son agrément & ses lettres.

1659. Le Prince de Condé se jetta dans le parti des Espagnols. Ce fut un grand obstacle à la paix des Pyrénées. Dans les conférences qui furent tenues sur la frontiere entre Dom Louis de Haro Ministre d'Espagne, & le Cardinal de Mazarin Ministre de France : Le premier propofa » que le Roi Catholique, pour » obliger le Roi Très-Chrétien à donner » une place de fûreté à M. le Prince, » comme pourroit être le Havre, donne-» roit Olivença (ville de Portugal très-» forte) au Duc de Bragance (le Roi » de Portugal que la France protégeoit » & qu'elle vouloit maintenir dans la » poffeffion de fon Royaume) outre fon » rétabliffement en fes biens & honneurs ; » & la charge de Connétable de Caftille ; » mais le Cardinal fe moqua de cet expé-» dient. Il crut que ce que Dom Louis » offroit, feroit acheté trop cher, s'il en » coûtoit le Havre de Grace. Ainfi il ne » voulut point y entendre «. Ce font les paroles d'une relation des affaires de Por-tugal, traduite de l'Anglois.

1660. *Communauté de Prêtres.*

Michel Bourdon, Curé d'Ingoville, fecondé par trois ou quatre Prêtres du Havre, établit un Séminaire ou une Communauté de Prêtres, dont l'Archevêque de Rouen approuva les conftitutions. Le Roi autorifa cet établiffement par Lettres patentes du mois de Mai de l'année 1660. Ce Séminaire qu'on avoit eu intention de

former fur celui de S. Sulpice de Paris,
ne s'eſt point perpétué, du moins fur
ce modele. La maiſon que Michel Bourdon y avoit deſtinée de concert avec les
autres, fut remplie quelque tems par une
partie des Eccléſiaſtiques du lieu qui
payoient une penſion. Mais enfin ils ſe
féparerent, & cette maiſon demeura
preſque inutile. M. de Clieu autre Curé
d'Ingoville, fit bâtir la chapelle à ſes
dépens, & y fit élever, on peut dire avec
magnificence, trois autels, dont le principal eſt ſous l'invocation de la Ste Vierge.
Ce Séminaire qui porte le nom de Saint
Charles, eſt toujours ſur pied. On y
trouve un dortoir, un réfectoire commun,
une grande ſalle. Il a été long-tems la
réſidence des Curés du Havre qui en
font les Supérieurs nés ſelon les Statuts.
La ville leur avoit donné d'abord un
logement pour la commodité de leurs
fonctions, la Fabrique de Notre-Dame
en acheta un autre pour la même fin;
mais ils préféroient la Communauté le S.
Charles. Quelques Prêtres cependant y
tenoient auſſi des chambres ſans y man-
ger. Mais depuis le départ de M. de
Quélen actuellement Evêque de Beth-

Idem, les Eccléſiaſtiques du Havre qui avoient eu ſur leurs droits à la Communauté quelque différend avec lui, ont renouvellé leurs prétentions, ils ſont rentrés dans le Séminaire, du moins un certain nombre, ils y mangent en commun, & ils y pratiquent ſans doute toutes les obſervances de la régle. Mais les Curés d'Ingoville fatigués de ces chicanes, ſont ſortis du Séminaire, & ont pris ailleurs leur logement. Je ne ſuis pas aſſez inſtruit de la difficulté pour la diſcuter maintenant, & il ne m'appartiendroit point de la réſoudre. Mais je penſe que la Communauté n'ayant point de revenus ſuffiſans pour nourrir les Prêtres, leur aſſociation dans ce lieu ne ſera jamais que paſſagere.

Voyage de Madame au Havre de Grace.

Henriette d'Angleterre revint au Havre, & paſſa la mer avec la Reine ſa mere pour aſſiſter au couronnement de Charles II. ſon frere, qui prit à Londres poſſeſſion des Royaumes de la grande Bretagne (1661). Après les cérémonies de cette grande affaire, Madame s'embarqua pour revenir en France. Elle étoit accompa-

gnée d'un jeune Comte Anglois épris
de fa douceur, & qui n'avoit pû fe ré-
foudre à la voir partir fans la fuivre.
Ils quitterent l'Angleterre, & pen-
ferent mille fois périr par la violence
des tempêtes. Le Seigneur Anglois rendit
de grands fervices à la Princeffe qui étoit
expirante. Ils aborderent enfin au Havre
où Madame fit quelque féjour pour rétablir fa fanté & reprendre fes forces.

Les Pénitens s'établiffent au Havre.

Cette même année les Religieux Pénitens du Tiers-Ordre de S. François s'é-
tablirent au bourg d'Ingoville. Dès 1659
ils avoient obtenu des Lettres patentes.
N'ayant pû trouver dans la ville d'emplacement affez vafte, ou n'ayant pû convenir du prix de celui qu'on leur offroi ils
eurent la permiffion de s'établir au pied
de la côte. Ils fe logerent d'abord fort
à l'étroit dans une maifon particuliere où
cependant ils faifoient leur office, mais
quelque tems après ils defcendirent dans
le terrein très-vafte qu'ils occupent aujourd'hui. La Reine Anne d'Autriche qui
les protégeoit, fit pofer, le 25 Août la
premiere pierre de leur Eglife fous le

nom de S. Joſeph, par M. de Bondeville Lieutenant général au Bailliage de Caux. En l'année 1700 Mgr. le Prince de Conty fit placer ſes armes ſur la principale porte de ce Monaſtere.

1660, 1661, 1664. M. de Carna-valet eut pendant une année le gouvernement du Havre : M. de Navailles lui ſuccéda, & le tint depuis 1661 juſqu'à 1664. Alors le Roi nomma pour Gouverneur de cette place M. le Duc de Saint-Aignan qui prit poſſeſſion au mois d'Octobre de cette même année. Soixante jeunes hommes de la ville à qui ſe joignirent ceux de Harfleur & de Montivilliers, furent à cheval au-devant de lui juſqu'à la diſtance d'environ cinq lieues. Les Echevins & les Bourgeois le reçurent à la porte d'Ingoville avec les cérémonies accoutumées. Après la tradition des clefs on le conduiſit à la citadelle.

1665. Le Havre eſt érigé en gouvernement de Province.

L'année ſuivante, le Havre de Grace qui depuis ſa naiſſance avoit été compris ſous le gouvernement militaire de la province de Normandie, en fut détaché pour former un gouvernement en chef & indépendant. Le Roi y annexa en même-tems avec les trois villes de Harfleur, de Montivilliers, & de Fécamp, 150 Paroisses ou environ du pays de Caux, voisines de la mer & de l'embouchure de la Seine. M. le Duc de Saint-Aignan devenu Gouverneur de Province, fit faire aussitôt le dénombrement des Citoïens propres à porter les armes, au-dehors de la ville sur le chemin des tuileries. On laissa 1000 hommes au-dedans pour la garder. Dans ces entrefaites le Roi qui avoit pris (1666) le parti des Provinces-Unies qui étoient en différend avec les Anglois pour leur commerce des Indes occidentales, envoya tous les Gouverneurs dans leurs gouvernemens pour faire la visite des côtes. M. de Montausier, Gouverneur de Normandie, eut dessein de venir visiter le Havre; mais ayant sçu que M. de St-Aignan avoit ordre de ne le recevoir que comme un Seigneur particulier qui en visite un autre, il s'abstint de ce voyage. Il voulut au moins faire la visite de Fécamp; mais il fut prévenu par le Duc de Saint-Aignan qui manda au Conseil, que la ville de Fécamp étant comprise dans le gouvernement général du Havre de Grace, elle n'étoit sujette qu'à sa visite, puisque le gouvernement du Havre étant démembré de celui de Normandie, ne conservoit plus aucune sujettion à celui de la province. Le Duc de Montausier fit valoir ses raisons, mais la Cour donna gain de cause à M. de Saint-Aignan.

Différens ouvrages.

Pendant ces années on dressa des levées de bois le long du rivage pour empêcher la chûte du galet qui combloit le port, malgré le travail des pionniers & la rapidité des écluses. Cette dépense parut assez inutile, puisqu'il suffisoit de relever deux jettées de pierre, bâties autrefois sous le foyer de guerre au pied de la côte. Cela a cependant un avantage, qui consiste à accumuler le galet dans l'intervalle des levées, & à faire un rempart très-propre à sauver le marais des coups de mer. Mais ces levées ne sont pas entretenues, & dès le tems du siége il y en avoit de semblables. (*a*)

(*a*) Anciennement on ne connoissoit point
Alors

Alors sous prétexte que l'eau des bares tomberoit avec plus de rapidité dans le port, si elle descendoit de plus haut, on ouvrit un canal entre Harfleur & le Havre. La mer le remplit en montant, & lorsqu'elle vient à descendre, à moins qu'on ne la retienne, l'eau retombe dans les fossés. On prétend que ce canal inonderoit la plaine en tant de besoin, & qu'on en fit l'épreuve devant le grand Colbert, quand il vint de la part du Roi visiter cette place. En trois jours, dit-on, les eaux couvrirent tout le terrein, excepté la chaussée, parce qu'elle est plus haute. Il falloit donc que ce fût dans les équinoxes ou les autres tems de grande marée ; car il n'en est pas des inondations de la mer comme de celles des rivieres qui s'accroissent tout d'un coup par la fonte des neiges ; les accrois-

ce fléau (le galet,) & il faut convenir que cette fécondité de la mer, est beaucoup nuisible. C'est un limon que les flots accumulent, & qui se durcit à l'air par le moyen du sel dont il est pénétré. Du moins, c'est ainsi que j'en ai vû se former sur la grève de Honfleur à Dive, où il y en a bien moins que sur nos côtes. On prétend que l'on trouve dans quelques-uns de ces galets, de très-beau cryftal.

O

semens de la mer sont reglés & successifs,
& si le besoin de l'inondation arrivoit
dans les saisons où la mer diminue, j'ap-
préhende fort qu'elle ne pût se faire. On
auroit beau tenir les écluses ouvertes pendant trois jours, le second jour n'ap-
porteroit point de différence au premier,
& dès que les eaux comprises dans les
quais seroient de niveau avec les eaux
extérieures, il auroit un repos dans l'inondation, à moins peut-être qu'on ne dé-
tournât la lézarde pour la faire courir sur
une partie de la plaine. Mais outre que
cette riviere n'est guères qu'un ruisseau, le
terrein qui avoisine les fossés du Havre,
est aujourd'hui tellement élevé, que je
crois pour l'ordinaire l'inondation impossible.

1667. On fit encore d'autres travaux.
On creusa le bassin une seconde fois, & du
limon qu'on en tira, on forma la demi-
lune qui se trouve au-devant du bastion
de la Musique au milieu duquel on éleva
un très-grand cavalier. Le pont qui sert
de passage aux deux quartiers de la ville,
n'étoit soutenu que sur des mâts qui tra-
versoient toute la largeur, on fit un pont-
levis double ou coupé qui ne fut pas plus

commode, & on ferma le baffin par deux éclufes ou portes doubles d'une grandeur immenfe & d'un poids énorme qui y retiennent la marée. Il paroît cependant qu'il y en avoit avant celles-ci. Il arriva alors une chofe fort finguliere, qui devoit arriver en pareille occafion. La mer étant pleine dans le port, & le baffin étant vuide, une des deux portes qui foutiennent les eaux du port, vint à manquer. A l'inftant la mer entra dans le baffin avec un bruit horrible, entraînant avec une rapidité prodigieufe plufieurs vaiffeaux qui pirouettoient. M. de Saint-Aignan fit attacher fous la plate-forme qui foutient ces éclufes, une lame de cuivre avec fes armes & fon nom. Ces travaux du baffin, ou qui lui appartiennent, ne furent achevés qu'en 1669.

1667. On éleva encore le long des murs de la ville, deux grandes corderies pour filer les cables, & une forge dans la demi-lune qui fert d'entrée à la campagne. La corderie du quartier Saint François, fut faite aux dépens de la Compagnie des Indes qui avoit fon fiége en cette ville. Mais la grande corderie du côté de la mer, eft la corderie royale.

O ij

1669. Il n'y avoit point encore de magasins, ou du moins d'arsenal pour la marine. Le Roi acheta la place d'un ancien hôpital & quelques maisons adjacentes sur la rue, pour le construire. Nous en parlerons dans la description. Sa Majesté fit encore l'acquisition de la Cour-Chevalier, où les Habitans construisoient leurs navires. Elle étoit occupée par des jardins & quelques logemens. Cela fut rasé, & elle devint le chantier de construction pour les vaisseaux du Roi seulement. Enfin la Cour envoya un Commissaire général pour la marine.

Hôpital général.

1669. Il falloit bâtir l'hôpital, & l'on ne sçavoit où le placer. On parla d'abord de le fonder auprès de Sanvic en très-bon air. Ensuite on le transfera au-dessus du Havre du côté de Graville où il est maintenant, mais où il n'a pas l'eau avec tant d'abondance. On dédommagea le Seigneur de Graville pour ce que l'on prit de terrein, & M. du Tuit donna généreusement sa ferme qui étoit à la mi-côte. On en jetta les fondemens en l'année 1669, & on lui donna le nom de Saint

Jean-Baptiste : mais il n'a pas été achevé
tout d'un coup. Le Roi régla que l'admi-
niftration en appartiendroit conjointe-
ment au Lieutenant de Roi, au Curé, &
aux Echevins. Mais par Arrêt du Confeil
du 5 Novembre 1686 il fut ordonné qu'-
elle feroit dévolue d'abord au Curé pour
toujours, & avec lui à trois autres Admi-
niftrateurs, & à un Receveur, lefquels feroient élus de manière que tous les ans il
en fortiroit un de charge. Les Lettres patentes de l'érection de cet hôpital font du
16 Mai 1669 ; elles y uniffent, dit-on
dans un aveu produit en 1723 en la
Chambre des Comptes de Rouen, outre
la chapelle de S. Roch, un grand nombre
de léproferies éteintes dans le pays. Mais
on prétend qu'il y a un peu de confufion
dans cet aveu. Il faudroit avoir vû les piéces pour difcuter cette prétention dont
l'objet, quoique peut-être intéreffant pour
l'hôpital du Havre, ne l'eft pas affez pour
l'hiftoire de cette ville. Je ne m'y arrê-
terai donc pas : je dirai feulement que
les biens du confiftoire & du prêche de
Sanvic auprès du Havre, ont dû appartenir à cet hôpital conformément aux Décla-
rations du Roi des années 1683 & 1684.

A l'égard de la chapelle de S. Roch, les Curés du Havre prétendent qu'elle n'est pas comprise dans cette réunion, & cette incertitude a souvent causé des querelles. La ville du Havre acheta en 1587 environ deux acres de terre qu'elle fit clorre d'un mur, pour servir aux pestiferés en cas de besoin. Il paroît donc que la ville en doit toujours avoir la disposition pour le cas de la peste. Mais l'on dira que l'hôpital est chargé de ce soin. Du moins il a la possession du revenu de ces acres, qui assurément est très-modique. Car il ne s'agit que d'un droit d'honneur pour faire tous les ans l'office de S. Roch dans cette chapelle qui n'est point en titre. Par cette réunion de léproseries, l'hôpital du Havre est devenu général, & l'intérieur de la maison est gouverné par des Sœurs de la Congrégation de S. Thomas de Villeneuve, dont Mgr. l'Archevêque de Paris est maintenant le Supérieur. Ces Filles y ont été reçues par accord fait entr'elles & l'hôpital, au mois de Mars 1728.

1669. Le Frere Constance, Capucin du Havre, après avoir long-tems cherché des sources d'eau vive, & passé pour cela grand nombre de nuits, à ce qu'on prétend, la face contre terre, en découvrit enfin qu'il rassembla au pied de la côte. Les anciens canaux étoient de plomb, il en fit faire de grès, qu'il conduisit depuis le château d'eau jusqu'au bastion de S. André dans lequel ils se partagent. Cette découverte d'eaux très-bonnes & très-pures, fut bien avantageuse à la ville du Havre. La premiere fontaine qui en donna, s'appella la fontaine de l'Esprit.

1670. L'année suivante est fameuse par le naufrage du navire nommé le Rouen. Ce vaisseau bâti dans le port du Havre pour aller en Perse, étoit armé de 70 piéces de canons. Ayant manqué le vent au sortir du port par une mauvaise manœuvre, le Pilote s'efforça de gagner la fosse du Hoc, dans l'espérance d'y trouver un fond solide. Le vaisseau s'avança d'abord assez heureusement, mais entre le Hoc & l'Hospice des Neiges où le mouillage étoit autrefois si excellent, lorsque la ville d'Harfleur étoit dans sa gloire, il fut abîmé dans les sables mouvans sans qu'on pût rien sauver de son artillerie, ni de sa charge. Ce fut une

perte de plus d'un million, & l'on a vû
pendant 20 ans l'extrémité de son grand
mât s'élever encore au-dessus des flots,
& rappeller toujours la triste idée de ce
naufrage. Le Capitaine qui étoit absent
fut puni de mort, & on punit diversement
les Officiers coupables,

La Compagnie des Indes abandonne le Havre.

1670. On vit aborder dans ce port
deux vaisseaux de 400 tonneaux qui apportoient de Perse & de la Chine grand
nombre de marchandises curieuses qui
attirerent tant de Marchands forains, &
tant de personnes même de qualité, que
plusieurs furent obligées de passer les
nuits au milieu de la rue, dans leurs ca-
rosses. La Compagnie des Indes, à laquelle
ces navires appartenoient, quitta depuis
le port du Havre, pour aller en Bretagne
s'établir à l'Orient, dont elle fait seule
tout le commerce.

Il ne sera pas hors de propos de donner ici quelque explication au sujet de
cette Compagnie, & de remonter même
jusqu'à l'origine de ces sortes de Sociétés. François I. qui avoit fondé le Havre

autant

autant pour en faire un entrepôt de commerce, qu'un arsenal de marine, avoit donné plusieurs Edits favorables, dans la vûe de faire naître l'émulation, & d'animer ses Sujets à faire des voyages dans la mer du sud & dans celle des Indes. Ceux que l'on fit en conséquence, furent peu de chose, & nous ne voyons rien de considérable avant l'armement du Capitaine le Liévre d'Honfleur en 1616, & celui du Capitaine Beaulieu en 1619, qui conduisirent chacun aux Indes orientales une escadre de trois gros vaisseaux, dont une partie revint en France, très-richement chargée. Les Négocians du Havre y envoyerent aussi plusieurs navires & paroissoient avoir à cœur d'étendre ce négoce. Ceux de Dieppe y envoyerent pareillement. Mais ce n'étoient-là que des entreprises particulieres qui n'avoient ni assez de suite, ni assez de stabilité. Le Cardinal de Richelieu qui depuis qu'il étoit devenu Sur-Intendant de la navigation & du commerce, travailloit ardemment à augmenter la gloire & les richesses du Royaume, avoit procuré, ou du moins favorisé plusieurs établissemens relatifs à cet objet. Sous

ses auspices, Ricaut, Capitaine de vaisseau du Roi, fut auteur de la premiere
Compagnie des Indes en 1642. Il obtint
une concession exclusive pour dix ans,
& au mois de Septembre de l'année suivante il la fit confirmer par Lettres patentes de Louis XIV. qui venoit de suc-
céder à son pere. Il est donc très-vrai-
semblable que comme le Havre étoit
alors fort renommé pour les belles fortifications que Louis XIII. venoit d'y faire
construire, & que le Cardinal de Richelieu étoit en même-tems Gouverneur &
Protecteur de cette ville ; il est, dis-je,
très-vrai-semblable, que dès le commencement cette Compagnie choisit son port
pour être le refuge de ses vaisseaux & le
centre de son commerce.

La Compagnie des Indes, après diverses avantures entremêlées de mauvais
succès, prit une nouvelle forme en 1664,
& fit partir de Brest ses premieres flottes;
ce qui n'empêchoit point qu'elle n'eût
toujours son azile au Havre. Elle fut
encore changée en 1670, & il y a apparence que c'est par une suite de ce
renouvellement, qu'elle abandonna le
port du Havre pour se retirer dans ceux

de l'Orient & du Port-Louis. Elle eut encore des contre-tems, & céda une partie de ses privileges aux Armateurs de Saint - Malo, qui soutinrent les débris de cette Société jusqu'en l'année 1719, qu'elle fut réunie après tant de changemens à la Compagnie des Indes occidentales, sous le nom de Compagnie des Indes.

1675. M. le Duc de Saint-Aignan fit la revûe des hommes de son gouvernement dans la plaine de Fougueuse-Mare, à six lieues de la ville. Les Paysans & les Nobles s'y trouverent également. Des gens de guerre du Havre, de Harfleur, de Montivilliers, Fécamp, & autres lieux, il forma une petite armée, ou plutôt un camp, où la Cavalerie étoit à droite, & la Noblesse à gauche, avec trois canons placés au centre.

1680. L'Ordonnance de 1680, touchant les Gabelles, confirma dans le titre 4e, le privilege qu'a le Havre, de faire venir des marais de Brouage, sa provision de sel pour deux ans. Un an après, le Roi y envoya (1681) un Intendant de Marine, avec les Officiers convenables. C'étoit M. Arnould qui fit fermer d'une muraille le baffin & le chantier de conftruction. Sa Majefté créa dans le même tems des écoles de marine, de mathématiques & d'artillerie, dont on fait les leçons dans des falles de l'arfenal. La ville de fon côté avoit pourvû à l'éducation des enfans. Outre qu'elle contribue à l'inftruction qui fe donne dans les écoles de l'arfenal, elle fournit un logement & des gages à deux Maîtres, pour enfeigner les humanités & la réthorique. Cet établiffement n'a point de patentes, & ne peut en rigueur s'appeller College. Je ne fçai pourquoi la ville du Havre n'a pas impétré ces fortes de Lettres, qui rendroient cet établiffement plus ftable & plus noble, & dont les fonctions exigeroient alors des Maîtres ès-Arts qui feroient véritablement Profeffeurs. On fouhaiteroit même qu'on y fondât une chaire de philofophie qui allumeroit l'émulation & l'empêcheroit de s'éteindre.

Louis XIV. étoit au comble de la gloire, & les Nations les plus reculées s'empreffoient à lui rendre hommage. Mais fes voifins jaloux de fon pouvoir, firent une Ligue à Aufbourg & à Venife pour l'arrêter. En 1688, les Hollandois firent par mer de grands préparatifs de guerre, & il étoit douteux s'ils menaçoient les côtes de France, ou Jacques II. Roi d'Angleterre. On résolut alors dans le Conseil d'ajouter de nouvelles fortifications à la ville du Havre.

1688. *Différens ouvrages.*

On ne put démolir qu'à force de mines & à très-grands frais l'ouvrage à cornes qu'avoit fait faire le Cardinal de Richelieu. C'étoit une longue courtine revêtue de briques rouges, & si bien composée dans l'intérieur, de rocs & de mastic, qu'il étoit presque impossible de la ruiner. M. de Vauban lui substitua une grande demi-lune, revêtue de briques & de pierres, dans le fossé qu'on rendit beaucoup plus large & plus profond, & l'on pratiqua vis-à-vis, des chemins couverts très-réguliers, depuis la porte du Perré jusqu'au-delà du bastion de Sainte Adresse, qu'on remplit d'une terrasse, ainsi que le boulevard de Saint-André. On remplit aussi leurs casemates. A l'égard de la citadelle, on fit pareillement un chemin couvert du côté des champs, on le munit de palissades, &

l'on ouvrit un avant-fossé large & profond, qui se trouve précisément au milieu de l'ancienne crique. Ce fut alors qu'on rasa le manoir de Percanville qui avoit subsisté jusqu'à ce tems, & en même-tems les ruines des fortifications du premier Havre, qui avoient encore huit & dix pieds de haut. Il n'en resta que les flancs d'un vieux bastion du côté de Leure, à la hauteur de deux ou trois pieds, qui vrai-semblablement sont des morceaux du grand fort de Leure. Il y a cependant toujours le jardin de Percanville, dont le Lieutenant de Roi a l'usage, en l'absence du Gouverneur. On crut avoir mis par-là cette ville à l'abri des insultes, & on remit pour un autre tems à creuser les fossés du côté de la campagne, & à les couvrir de la même maniere que ceux du côté de la mer. Mais ces travaux sont encore à faire, & les fortifications du Havre manquent d'égalité. On finit ces ouvrages en 1690, & on abatit la tour d'Oise sur la jettée du sud, tandis qu'on fit faire à l'épreuve de la bombe un magasin aux poudres, dans l'intérieur d'un vieux bastion de la premiere enceinte, sur le bord du bassin de la Florinde ou Floride qui sert de réservoir à l'écluse. On fit aussi en même-tems sur le canal le nouveau pont de bois, tournant, très-ingénieux & très-commode, dont nous ferons la description.

1690. Pendant la guerre qui fut terminée par la paix de Riswik, on bâtit dans ce port, régulierement chaque année, un ou deux vaisseaux de soixante à soixante-six canons, & ce fut-là qu'on arma les convois destinés à escorter les navires du côté de la Rochelle, ou de celui de Dunkerque.

Guillaume de Nassau, Prince d'Orange, s'étoit emparé du trône d'Angleterre, où il avoit été reçu d'un consentement général, & le Roi Jacques II son beau-pere, trahi & abandonné par ses Sujets, s'étoit réfugié en France, avec la Reine son épouse, & le Prince leur fils. La guerre fut bientôt allumée par toute l'Europe, & la France eut à combattre tout à la fois, l'Empire, l'Espagne, l'Angleterre, la Savoye, & la Hollande. Malgré les efforts de tant d'ennemis, nous remportâmes plusieurs victoires. Notre armée navale ayant défait dans la Manche les flottes de Hollande & d'Angleterre, vint à la rade du Havre prendre des rafraîchiſſemens, (1690) & mettre à terre les bleſſés, qui cauſerent dans ce lieu beaucoup de maladies. Le gros de l'armée ſe retira dans le port de Breſt, & le plus grand nombre des galeres deſcendit au Havre. On y en bâtit même deux cette année ; mais cette eſpece de navire n'étant pas faite pour des mers vives & orageuſes, on les fit monter à Rouen pour les dépecer, excepté quelques - unes qui furent envoyées à S. Malo, & dans d'autres ports où l'on appréhendoit les bombardemens. Il en falloit donc garder dans le port du Havre, mais parce que la ville refuſa de les entretenir, il n'en demeura pas une ſeule.

Armement au Havre de Grace.

La France continuoit d'être victorieuſe ; mais la bataille de la Hogue apporta quelque changement. Jacques II. comptant ſur les intelligences qu'il croïoit avoir en Angleterre ; Louis le Grand fit équiper tous les vaiſſeaux des ports de Normandie, pour porter des troupes dans ce Royaume. Grand nombre s'embarquerent au Havre, mais pendant que les navires étoient à l'ancre, à quelque diftance du port, il parut tout d'un coup neuf vaiffeaux Anglois qui s'avancerent pour les canoner. Ils n'oferent néanmoins defcendre au-deffous de l'Eclat, & fe contenterent de tirer chacun leur volée de canon contre trois frégattes qui étoient à la tête, & qui fe difpoferent au combat à l'arrivée de l'ennemi. Cependant l'efcadre de la Méditerranée tardoit à joindre celle du Ponant. Le Roi ordonna au Comte de Tourville, Vice-Amiral de France, de fe rendre à la Hogue, & de combattre les Anglois s'ils s'oppofoient à lui. On donna la bataille où les ennemis eurent quelqu'avantage fur les François qui étoient beaucoup inférieurs en nombre, & qui avoient le vent contraire. Plufieurs vaiffeaux furent brûlés, d'autres coulés à fond; il s'en fauva le tiers à S. Malo & au Havre de Grace, où l'on apporta les canons qu'on avoit repêchés. Nous fîmes bien un autre progrès par la prife de Namur, dont le Roi lui-même fit le fiége. Cette prife fut fuivie d'une foule de conquêtes qui firent voir de plus en plus la fupériorité de la France. Les ennemis, au défefpoir, exercerent leur impuiffante rage fur les villes maritimes du royaume, qu'ils bombarderent.

Ils avoient onze galiotes à bombes, & environ quarante autres navires de différentes grandeurs. Ils firent leur coup d'effai fur la ville de Dieppe le 22 de Juillet 1694, & la brûlerent. On dreffa fur le champ quelques batteries au Havre fur le bord de la mer, & jufqu'auprès de la jettée.

1694. *Bombardement du Havre de Grace.*

La flotte Angloife parut à la rade le 26 de Juillet, & fur les deux heures après midi, elle s'avança par la bande du nord pour bombarder la ville. Mais elle fut obligée prefque auffitôt de reprendre le large pour éviter le feu des batteries qui tiroient contr'elle. Cependant la marée ramena les vaiffeaux, & l'on tira fur eux de deffus les boulevards de la ville. Sur les cinq heures, on leur coula à fond une galiote à deux mortiers par l'effet d'une bombe qui partit du baftion de Sainte-Adreffe, & qui ayant

mis le feu à ses poudres, la fit sauter
en l'air.

M. le Maréchal de Choiseul arriva sur
le soir, mais pendant la nuit qui les dé-
roboit à la vue, on ne put leur faire aucun dommage, tandis qu'ils ne cessoient
de tirer au hasard & presque toujours au
même endroit; ce qui mit le feu à une
maison qui en consuma plusieurs autres.
Ils s'étoient retirés aux environs de
Leure, dont la rade étoit apparemment
inconnue aux Ingénieurs du Havre, qui
n'avoient fait élever de ce coté-là aucune
batterie; & prenant ainsi la ville en flanc,
ils bombarderent d'un bout à l'autre jusqu'à la tour, qui étoit de ce côté-là la
seule défense, parce qu'on n'étoit pas
préparé sur les bastions de la citadelle.
Ils auroient continué avec grand succès;
mais le bonheur du Havre voulut qu'une
forte pluye, le vent, & la marée, les
contraignissent de regagner la grande
rade.

On profita de cette interruption d'hos-
tilités pour faire quelque travail à une des
batteries, & la mettre en état de tirer à
boulets rouges, comme on avoit fait la
veille. D'autre part on continua d'en-

lever les meubles, on dépava les rues pour la plûpart, on mit devant les portes des bariques pleines d'eau, & l'on fit brûler hors de la ville dans les marais, toute la paille des lits, comme ayant caufé le premier incendie. Cela produifit une épaiffe fumée qui couvrit toute la ville jufqu'à midi, ce qui fit croire aux ennemis, qui tiroient continuellement dans ce feu en pure perte, que tous les édifices étoient réduits en cendres. Mais quand ils virent reparoître le faîte des maifons, ils recommencerent à lancer des bombes de tous côtés, & continuerent pendant toute la nuit du 28ᵉ.

On en compta deux cens ou environ depuis cette reprife, qui ne cauferent pas grand dommage, & le total de celles qu'ils avoient lancées pouvoit aller à onze cens. Il s'éleva le premier Août un vent impétueux qui les fit partir, & délivra la ville de leurs infultes. Un feul homme périt par fon imprudence, mais il y eut fept maifons de brûlées, un affez grand nombre d'endommagées, & tout le défaftre qui fe préfume par plu-fieurs chofes, pouvoit aller à cent mille écus.

On avoit fait fortir les gens inutiles, qu'on envoyoit fur la côte; mais avant que ce peuple affligé abandonnât fa patrie, le Curé Jean-Baptifte de Clieu, homme d'un grand mérite, & d'une tendre dévotion à la Mere de Dieu, lui fit au pied de l'Autel une priere touchante qui tira les larmes des yeux de toute l'affemblée, lui recommanda la chapelle & la ville de Grace qui lui appartenoient, & fit, ou renouvella le vœu folennel qui met la ville du Havre fous la protection de la Sainte Vierge fa Patrone. Ce vœu fut adopté de tout le monde; & tous les ans, le foir du jour de l'Affomption de Notre-Dame, on porte le Saint Sacrement dans les rues voifines de l'Eglife avec le plus grand appareil, & au retour de la proceffion, le Célebrant, au pied de l'Autel fait en françois la lecture de ce vœu de la ville du Havre, qui regarde avec raifon la Sainte Vierge, comme fa Protectrice.

Il faut remarquer ici qu'à l'occafion de ce bombardement, les Hollandois firent frapper une médaille avec cette légende en latin: *le port du Havre brûlé &*

renversé. Cette médaille étoit fausse, & ce triomphe bien chimérique. Cependant, quoiqu'on ait raillé les Hollandois sur cette médaille qui est totalement décriée, M. de Voltaire en a pris la défense dans son siécle de Louis XIV. Après avoir dit qu'il n'y eut véritablement que vingt maisons d'écrasées & de brûlées par les bombes, il assure que le port fut renversé. » C'est en ce sens, » dit-il, que la médaille frappée en » Hollande est vraie, quoique tant d'Au- » teurs François se soient récriés sur sa » fausseté. L'inscription ne dit pas que » la ville fût consumée, ce qui eût été » faux ; mais qu'on avoit brûlé le port, » ce qui est vrai. « C'est précisément ce qui est faux ; & pour donner quelque ombre de vérité à cette ridicule médaille, il eût fallu la faire à rebours de l'explication de M. de Voltaire, puisque ni les fortifications, ni le port, ni les vaisseaux qui y étoient, ne reçurent aucun dommage, au lieu qu'il y eût sept maisons de consumées par le feu des bombes. Ce que je dis est attesté par quantité de témoins qui vivent encore, & par les relations qui furent adressées à la

Cou r& aux Miniſtres. Ainſi la médaille
méritoit d'être caſſée, & M. de Voltaire
qui la défend, a conſulté des Mémoires
étrangers & défectueux.

1695. L'année ſuivante, on dreſſa
de nouvelles batteries, & on les garnit
de canons apportés de la Hogue, dont
on avoit fait l'épreuve. On rétablit le
fort Lucé ou de Saint-Aignan, & on en
bâtit deux autres du côté de la jettée. On
en conſtruiſit même aux environs de Leure, où l'on en avoit reconnu le beſoin ; on
plaça ſur la jettée du nord quatre gros
canons, & un mortier ſur celle du ſud.
On environna la tour Vidame de deux
batteries ; on fournit d'artillerie le baſtion
de la citadelle qui commande le plus ſur
la mer, ainſi que la butte où l'on s'exerce
à tirer le canon ; on pratiqua une redoute
à la mi-côte de la Héve, pour empêcher
les deſcentes ; enfin on équipa trente
doubles chaloupes, qui devoient avoir
chacune cinquante hommes avec un canon, pour accrocher les galiotes ; mais
ces précautions furent inutiles, & les
Anglois allerent attaquer Calais & Saint
Malo.

Les prodigieuſes dépenſes de cette

guerre altéroient les finances. Outre le
secours des levées, le Roi créa quantité
d'offices, avec de beaux privileges : la
ville du Havre les acheta, excepté la
Mairie, dont un Particulier fit l'acquisition, & le corps de ville fut alors composé d'un Maire & de quatre Echevins;
mais la ville racheta, dès qu'elle put,
l'office de Maire, & ce sont les Echevins
qui l'exercent par indivis.

1697. L'Archevêque de Rouen voulut aussi gratifier le Havre. Il y érigea
un Doyenné rural, composé de quarante
Paroisses ou environ, qu'il démembra du
Doyenné de Saint-Romain.

Après la paix de Riswik, on ôta les
défenses extraordinaires (1698), mais on
conserva celle de la grande jettée. Alors
le commerce commença à refleurir au
Havre, & deux compagnies s'y établirent pour Salé & le Sénégal; mais
leur entretien monta trop haut, & elles
tomberent.

On ne fut pas longtems sans reprendre
les armes, & le calme qu'on s'étoit procuré, ne fut pas de longue durée. Il fallut
soutenir dans la possession du royaume
d'Espagne Monseigneur le Duc d'Anjou,

que

que le dernier Roi, mort sans enfans,
avoit nommé pour son héritier. L'Angleterre & la Hollande avoient pris
(1700) le parti de l'Archiduc compéti-
teur de ce Prince. Comme on appréhendoit que les ennemis ne descendissent au
Havre pour se saisir de cette barriere, on
délibéra, pour la seconde fois, d'en démolir les fortifications. Le résultat fut
encore pour la négative, & il fut ordonné de rétablir tous les anciens retranchemens.

1705. Au mois de Décembre 1705,
un coup de vent impétueux enleva la
moitié de la grande digue, avec la batterie qui étoit dessus. Je n'ai pû marquer en quel tems on avoit construit ce
mole. Mais on ne doit pas remonter pour
cela jusqu'à Henri III. avec M. du Bocage, qui a dit par une expression incer-
taine & peu correcte, que ce Prince fit
construire & prolonger les jettées. J'ai
marqué les ouvrages qu'avoit fait faire
Henri III. sous la direction de M. de Villars. Jusqu'au regne de Louis XIV. la
jettée du nord n'étoit autre que celle où
fut mouillé Henri II; & de l'autre côté la
muraille qui forme le port, ou, si l'on

Q

veut , la jettée du sud , finissoit à cette
échancrure extérieure qu'on voit auprès
de la tour Vidame. On peut consulter sur
cela les plans du Havre de Grace , qu'a
gravés M. de Fer , sous le dernier regne. La
jettée du nord n'y va pas plus loin que
cet endroit où se trouvent les barrieres
auprès des éclufes. Il falloit être un Richelieu , ou quelqu'un des grands Mi-
niftres de Louis XIV, pour entreprendre
& finir un ouvrage comme celui de la
jettée que renversa la tempête. L'esplanade de ce côté - là étoit encore fort
étroite , la mer faisissoit de fort près la
porte du Perré , & cette prodigieuse
digue , qui alloit aussi loin , & même
plus loin que celle d'aujourd'hui , sans
faire aucun détour , éprouvoit toute la
violence des flots depuis un bout jusqu'à
l'autre. Elle étoit de bois , & au-dedans
remplie de galet qui tomba dans le port,
& en combla l'entrée. Plusieurs vaisseaux
firent naufrage au milieu même du canal.
Alors on cessa le travail de la digue op-
posée qu'on allongeoit de 30 toises,
pour en commencer une de pierres de
taille du côté du nord. On l'avança de
40 toises environ , mais un second tour-

billon jetta le galet contre cet ouvrage, & l'interrompit jusqu'à l'année 1711.

1708. On avoit négligé la voûte de la tour, qui menaçoit ruine. Elle tomba en 1708 & ne fut réparée qu'avec des frais considérables. Trois ans après on reprit l'ouvrage de la jettée, & afin que rien ne retardât les Ouvriers (1711), on fit venir jusqu'auprès des travaux une veine d'eau qu'on détourna des fontaines.

Dans cette même année on fit dans l'Eglise de Notre-Dame un grand service pour Mgr. le Dauphin. Il y eut mausolée & oraison funébre par M. de Clieu Curé de la ville. Même service l'année suivante pour Mgr. le Duc de Bourgogne & pour la Princesse son épouse Marie-Adélaïde de Savoye. Un Capucin de Caudebec fort éloquent fit l'oraison funébre.

1713. La paix d'Utrecht étant publiée, on détruisit Dunkerque. Les Officiers de ce port furent envoyés au Havre avec deux Compagnies de Soldats de Marine.

1714. M. le Duc de Beauvilliers Gouverneur de Mgr. le Duc de Bourgogne, avoit succedé en 1689 à M. le Duc de Saint-Aignan son pere, & avoit comme

lui, pendant son gouvernement, bien mé-
rité de la ville du Havre. Elle le perdit en
1714, & lui fit élever un catafalque dans
l'Eglise de Notre-Dame, où M. Savary,
Prêtre du lieu, prononça l'oraison funébre. On fait tous les ans ce service.

Louis XIV. mourut l'année suivante,
1715. On dressa dans la même Eglise
un magnifique cénotaphe, & l'on exalta
les qualités & la gloire immortelle de ce
grand Prince,..... Il est étonnant que
dans la durée d'un si long regne, Louis
XIV. n'ait pas jugé à propos de visiter le
Havre. Ce ne fut point toutefois par in-
différence pour cette ville ; il a été un de
ses plus grands bienfacteurs, puisque
pour lui donner un rang distingué dans
la province, il a élevé son gouvernement au dégré des gouvernemens généraux, qu'il en a fait augmenter & perfectionner les fortifications, qu'il y a fondé
des Ecoles de Mathématiques, établi une
marine reglée pour donner à ce lieu le
département de toute la province, qu'il
a favorisé son commerce, & envoyé dans
ce port MM. de Colbert & de Vauban,
pour dresser les plans d'un nouveau bassin
qu'il vouloit y faire construire.

LOUIS XV. LE BIEN-AIME',

La jettée du nord-est, dont on avoit repris le travail, s'écartoit du lit de l'ancienne, à mesure qu'elle s'avançoit, & s'établissoit dans l'endroit du canal le plus profond. Elle fut achevée en 1716 ; on vit alors un évenement singulier. Le 30 de Novembre, la mer monta plus haut qu'elle n'avoit fait depuis 80 ans, quoiqu'il y eût peu de vent ; & ce qui est encore plus remarquable, pendant 24 heures, espace ordinaire de deux marées, le port fut presque toujours également plein.

1722. M. le Duc de Mortemart avoit possedé le gouvernement du Havre pendont quatre années ou environ : M. le Duc de S. Aignan qui y avoit été nommé dès 1719, vint en prendre possession en l'année 1722. La ville le reçut à la porte, le complimenta, & lui remit les clefs. Il entra au bruit des cloches & de l'artillerie, au milieu des Bourgeois qui étoient sous les armes. Il y eut illuminations & feux d'artifice, & le peuple témoigna beaucoup de joye de son arrivée. Il examina & mit en ordre toutes les affaires.

1724. Deux ans après on jetta les fondemens du bâtiment de manufacture pour le tabac. Dès 1721 on avoit établi dans le quartier de S. François un hôtel de la Monnoye, à l'instigation du fameux Law ; cet établissement ne fut pas de longue durée, & il fut remplacé par celui de la manufacture. On avoit assez long-tems préparé le tabac dans une maison particuliere : Mais on avoit besoin d'appartemens spacieux & commodes ; on les bâtit près du quai de la Bare à la proximité des PP. Capucins qu'on indemnisa pour quelques terreins pris sur leur Monastere.

1727. La France s'étant unie avec l'Angleterre & la Hollande, on arma des vaisseaux & des galeres. On en bâtit grand nombre au Havre de Grace, & l'on fit venir tous les Cordiers de la province pour fabriquer les cordages dont on avoit besoin pour cet armement.

1729. *Fêtes publiques pour la naissance de Monseigneur le Dauphin.*

La naissance de Mgr. le Dauphin fut la félicité de la France, & porta la joye dans tous les cœurs. La ville & la marine se disputerent au Havre l'honneur de la célébrer avec plus de magnificence. La marine commença, & fit construire sur la jettée du sud un fort beau feu d'artifice. Il avoit trois faces sur chacune desquelles on lisoit les noms augustes du Roi, de la Reine, & du Prince désiré dont le ciel gratifioit la France. L'exécution en fut heureuse, après qu'on eût lancé grand nombre de fusées. Le bassin dont on avoit lâché les eaux, étoit environné de lumieres, dont plusieurs pyramides de feu dessinoient les compartimens. Tous les vaisseaux illuminés formoient par la hauteur & la multitude de leurs différentes piéces, une décoration dont on a de la peine à se représenter l'effet surprenant, & mille pavillons de diverses couleurs qui voltigeoient au gré du vent dans cette forêt de navires, relevoient encore singulierement ce point de vue. M. de Bégon Intendant, donna une fête à part. Il fit dresser devant son hôtel trois pyramides de lumieres, & on y lisoit des vers à la louange du Dauphin, qu'on avoit attachés avec des guirlandes de fleurs autour de son image. On eut le divertissement de deux feux d'artifices,

& la fête fut couronnée par un magnifique régal.

Les réjouissances de la ville furent annoncées par le canon & le son des cloches, & tous les travaux cefferent à l'extérieur pendant trois jours. Le *Te Deum* d'action de graces fut chanté folennellement dans l'Eglife de Notre-Dame par le Clergé de la ville accompagné des Réguliers, & tous les Ordres y affifterent avec le Corps de ville que précédoient les drapeaux, les tambours, & les inftrumens. Les Bourgeois étoient fous les armes autour de l'Eglife, & les falves d'artillerie étoient continuélles. Avec la même pompe l'Affemblée fut à la place d'armes allumer un feu de joye, & l'hôtel de ville fut illuminé avec beaucoup de goût & de magnificence. On illumina de même tous les édifices, & il y eut un grand feftin où l'on avoit convié plus de 300 perfonnes. La joye fut extrême, le vin couloit à la difcrétion du peuple, & on diftribua aux pauvres du pain & de l'argent.

1733. Les foldats de marine n'avoient point de maifon qui leur fût propre ; ils étoient difperfés çà & là, & logés aux

dépens

dépens de la ville. Pour remedier à leurs brigandages, & mettre les Citoyens à couvert de leurs insultes, elle acheta un grand nombre de maisons voisines du bassin, & fit élever deux grands corps de casernes, sur une cour où l'on fait l'exercice. Ce bâtiment coûta à la ville plus de soixante mille livres, quoique le Roi qui s'engagea à l'entretenir, fournît encore de son chantier, la valeur de dix mille livres de bois de charpente.

1735. Madame la Gouvernante mourut en l'année 1735. On lui fit un grand service dans l'Eglise de Notre-Dame avec un catafalque au milieu de la nef, Le canon précéda le jour de la cérémonie, & l'on fit pendant la Messe des décharges par tems égaux, & à la fin une salve de toute l'artillerie. Plus de mille hommes sous les armes environnoient l'Eglise, tandis que les Officiers de la garnison, ceux de la marine, & tous les Ordres étoient au-dedans avec le Corps de ville. M. Nollent, Prêtre du lieu, prononça l'oraison funébre.

1736. Un an après, M. de Maurepas Ministre de la Marine, vint faire la visite u Havre de Grace. Les préparatifs que l'on fit dans ce port pour le recevoir, furent annoncés dans toutes les Gazettes. Il y eut plusieurs feux d'artifice, on jetta des fusées en très-grand nombre, & des bombes artificielles qui faisoient dans l'air un effet agréable. Il y eut encore des joûtes sur les eaux du bassin, & l'on y jetta des pots-à-feu qui flottoient longtems avant que de s'élever & de se disperser avec un bruit de foudre. On vouloit donner aux Spectateurs le plaisir d'un combat naval à quelque distance de la ville. On fit sortir pour cela deux fregates, & quantité de petits navires ornés de pavillons, dont les Mariniers étoient vêtus de soye en différentes couleurs ; les tambours & les instrumens qui accompagnoient cette jolie flotte, faisoient retentir le rivage où le peuple étoit nombreux comme le sable de la mer, & le tems étoit d'une sérénité parfaite. Mais malheureusement une des deux frégates s'égara dans la Seine par une mauvaise manœuvre dont peut-être un excès de joye étoit la cause, & n'ayant pû surmonter le vent, frustra l'assemblée de son plaisir & de son attente. Il y vint des curieux de toutes les parties du royaume, qui divertirent les habitans

par différentes fcénes, & leur procurerent
du profit, attendu que les chambres fe
louoient très-cher. Encore un très-grand
nombre de ces Pelerins fut-il obligé de
coucher dans la rue.

L'année fuivante, la ville fit relever
l'avenue d'Ingoville, & préparer de telle
forte, que du milieu de fa largeur, elle
s'abaiffe infenfiblement aux extrémités ;
elle forme trois allées dont la principale
égale au moins en largeur celle des Tuil-
leries, & la paffe en longueur ; elle contient environ 800 arbres. La grande allée bordée de pierres de taille eft deftinée
aux voitures, les contre-allées font pour
la promenade, & forment à préfent de
très-beaux berceaux. On a placé des
bancs à égale diftance, & comme elle eft
terminée par deux fers à cheval à l'entrée
de la ville, les fiéges de cette partie ont
la même figure. Cette avenue s'élargit
beaucoup vis-à-vis de la demi-lune, &
comme les derniers arbres font dans quelqu'éloignement à l'égard de la porte,
cela forme une efplanade où le peuple en
entrant fe trouve réuni. C'eft le cours de
la ville où fe promenent les habitans, &
où l'on voit autant de luxe à proportion
qu'à Paris. R ij

Voyage du Roi au Havre de Grace.

1749. Au mois de Septembre 1749 notre auguste Monarque, à l'exemple de la plûpart de ses prédécesseurs, résolut de visiter le Havre de Grace. Il partit de Versailles & arriva à Rouen. Il n'entra point dans la ville, mais passa le long du quai où il vit la Seine dans un magnifique canal beaucoup plus large qu'à Paris; & il s'arrêta quelque tems sur les bords de la riviere où il reçut le compliment du Maire, & où il vit ouvrir le pont de bateaux qui la traverse, & qu'on regarde avec raison comme une merveille. Le Roi continua sa route, & depuis Graville à une lieue du Havre trouva sur son passage les Paysans armés jusqu'à la ville. C'étoit le 19 du mois de Septembre. Le Roi s'avança jusqu'aux barrieres qui étoient fermées, & après que l'Officier de garde eût présenté sa pique, on ouvrit les barrieres, & Sa Majesté passa le pont jusqu'à la premiere porte où le Duc de Saint-Aignan, accompagné du Corps de ville & de tous ses Officiers, lui présenta à genoux dans un bassin les clefs de la ville en vermeil & en argent. Après la harangue qui lui fut faite, le Roi continua de s'avancer jufqu'à la feconde porte où l'on avoit placé fon image, & entra dans la ville, entre deux hayes de Bourgeois fous les armes, au bruit des canons & des acclamations réiterées d'une multitude infinie. Sa Majefté fut à l'hôtel de ville où Elle a logé pendant tout le tems de fon féjour. Après qu'Elle eut pris quelque repos, Elle vint à la tour, & monta fur la plate-forme pour confidérer le port, & la mer qui du côté de l'occident s'éloigne infiniment de la vûe, & difparoît fous les nuages de l'horifon. Feu d'artifice le foir fur la place d'armes vis-à-vis de l'hôtel de ville.

Le lendemain matin le Roi reçut les députés du Parlement de la province qui eurent l'honneur de le complimenter. Enfuite Sa Majefté defcendit vers l'Eglife de Notre-Dame où tout le Clergé de la ville revêtu d'ornemens, l'attendoit. Le Curé lui fit fa harangue & recommanda à fes bontés le peuple fidele qu'Elle honoroit de fa préfence. Après les cérémonies accoutumées le Roi entra dans le chœur au bruit des tambours & des inftrumens; & fous un dais qu'on avoit préparé entendit la Messe avec ce recueillement & cette piété que toute la France admire dans sa personne.

Le Roi sortit de la ville par la porte du Perré, & de dessus le rivage sous une tente magnifique vit la représentation d'un combat naval, ensuite duquel on lança à l'eau trois navires sous les yeux de Sa Majesté. L'après-dinée le Roi visita les fortifications, la citadelle, les arsenaux de terre & de mer, le port, le bassin, & de dessus le balcon des casernes de la marine vit une joûte sur les eaux. Le Roi monta dans son vaisseau le Chariot royal superbement décoré, & vit faire toutes les manœuvres de la navigation avec une promptitude & une dexterité admirables.

Après ces divertissemens le Roi dans son carosse alla sur la montagne d'Ingoville dont le front large & uni présente une terrasse naturelle d'où l'on voit la Seine entrer dans la mer, & d'où l'on a une variété d'objets agréables qui rendent cette exposition une des plus belles qu'il y ait en France. Après cette promenade dont le Roi fut satisfait, Sa Majesté rentra dans la ville. Le jour étoit éteint :

on avoit élevé des arcades de verdure jufqu'au premier étage dans toute la longueur de la grande rue, avec des guirlandes au milieu, & des pyramides aux extrémités de ces arcades. Des lumieres fans nombre rendoient visible cette décoration qui étoit terminée par une perspective d'un genre tout nouveau. On avoit placé dans le port en face de la rue un vaisseau dont on avoit garni de lanternes la mâture & les cordages. L'immensité de ce lustre qui sembloit toucher le ciel, faisoit à la vûe un effet si merveilleux, que Sa Majesté en fut surprise, & voulut bien en témoigner son contentement.

Le lendemain Dimanche après avoir entendu la Messe dans la chapelle de l'hôtel de ville, Sa Majesté partit du Havre fur les huit heures du matin, après avoir daigné témoigner d'une façon très-honorable pour le peuple de cette ville, combien Elle étoit satisfaite des marques d'amour, de respect & de joye, que ce peuple s'étoit efforcé de donner à son Prince. Et comme on avoit représenté à Sa Majesté la nécessité d'agrandir le port dont le commerce est devenu si considé-

rable, Elle a envoyé après fon retour
des Commiffaires fur les lieux, pour
examiner les projets, & lui en faire le
rapport.

1759. *Bombardement du Havre*
par les Anglois.

Pendant la derniere guerre dont les
évenemens font connus de tout le monde,
les ennemis de ce royaume, & en particulier de la ville du Havre, font venus
encore une fois pour la bombarder & la
détruire. Ils étoient attirés principalement par l'efperance de ruiner les fameux
bateaux plats dont on a tant parlé, &
que l'on conftruifoit fur la gréve du Havre au nombre de deux ou trois cens à
l'endroit où les Marchands bâtiffent leurs
navires. Ils avoient fait de grandes dépen-
fes pour cela, & forgé, dit-on, de nouvelles bombes dont la portée étoit beaucoup plus grande, & l'effet plus dange-
reux. Le fuccès n'a pas tout-à-fait répondu
à leur attente, & cependant ce dernier
bombardement a été pour la ville du
Havre, plus défaftreux que le premier.
Le 2 de Juillet de l'année 1759 on vit
paroître cinq frégates ; mais toute la flotte

compofée de 28 navires différens , ne
parut que le 3 fur les fix heures du matin.
Le foir du même jour ils jetterent cinq
bombes fur le rivage pour en voir la
portée. Le 4 leur attaque commença fur
les trois heures du matin , & ils bombarderent fans relâche jufqu'à dix heures du
foir ; il y eut cependant des intervalles, où
cette hoftilité étoit moins fréquente. Ils
recommencerent le 5 à deux heures après
minuit , & continuerent jufqu'à trois heures après midi du lendemain. Leur pofition embraffoit toute la ville , de maniere
que la droite de leur armée regardoit le
côté des bateaux plats , & la gauche s'é-
tendoit du côté du petit quartier de la
ville comme au bombardement de 1694.
Le 6 ils fe replierent fur l'aîle gauche ,
pour prendre la ville en flanc & maltraiter
en même-tems la citadelle. Ils envoyerent le 7 à une heure du matin , quelques
bombes, qui furent les dernieres.

L'alarme étoit grande dans cette ville
qui n'avoit d'abord que deux mortiers,
tandis que les Anglois avoient de leur
côté fix galiotes qui vomiffoient différentes machines de deftruction & de car-
nage. M. le Duc d'Harcourt, que le Mi-

niftere avoit envoyé avec M. de Ber-
ville, arriva de Rouen avec de la poudre
& des mortiers qu'on avoit chariés pendant la nuit. On prit courage, & l'efperance commença à renaître. Les bombes
du Havre qui auparavant n'alloient qu'à
mi-route, parce qu'elles n'étoient pas
affez chargées, arriverent aux Anglois, &
leur tuerent beaucoup de monde; on leur
coula même à fond une chaloupe pleine
d'hommes qui fervoient les navires, ce
qui les obligea de moderer leur feu qui
étoit terrible, outre que leurs galiotes
faifoient eau par l'ébranlement de leurs
mortiers, dont la charge étoit trop forte.
Ils prirent le parti de fe retirer, & mirent
à la voile le 7 fur les neuf heures du
matin : à trois heures après-midi on regardoit leur flotte comme éloignée de
quatre lieues ; elle difparut peu de tems
après ; mais ayant rencontré, à la hauteur
du Havre, cinq vaiffeaux Danois qui
apportoient du bois de conftruction pour
les bateaux, ils s'en emparerent; & ce fut
l'indemnité de leur expédition. Outre la
prodigieufe dépenfe qu'ils ont faite, on a
trouvé fur le rivage beaucoup de cada-
vres & d'uftenciles, ce qui dénote un
grand dommage de leur côté.

Quand ils parurent à la rade, la confusion fut grande dans toute la ville, parce qu'on avoit répandu qu'ils ne pouvoient approcher que dans un tems de grande mer, au lieu que c'étoit le décours, & qu'ils ont operé même dans le tems que l'eau se retire. Il fallut donc déloger précipitamment pour aller sur la côte. Plusieurs transporterent leurs meubles dans le quartier de Saint François, moins exposé que celui de Notre-Dame, mais ils furent obligés de les reprendre ensuite, parce que les ennemis attaquerent aussi ce côté - là. Le plus grand nombre les fit voiturer dehors ; mais le prix des voitures étant excessif, on voyoit sur la chaussée des tas de meubles exposés à l'envie & à l'infidélité de ceux mêmes qu'on employoit pour les garder ou pour les conduire. Pour surcroît d'infortune & d'embarras, une bombe étant tombée sur une des chaînes du pont de la porte d'Ingoville, plusieurs personnes furent blessées dans la foule, & quelques unes en sont mortes de frayeur.

Les soldats & les bourgeois étoient partagés dans les rues pour éteindre le feu des maiſons où tomboit la bombe ; & ils étoient armés de haches pour enfoncer celles qu'on auroit trouvé fermées. Il n'y a point eu cependant d'incendie conſidérable, & quoiqu'il ſoit tombé des bombes dans des magaſins d'eau-de-vie & de bois ſec, le feu n'a point pris à ces matieres. Pluſieurs perſonnes m'ont écrit, qu'une bombe ayant percé la voûte de la grande Egliſe, vis-à-vis le Sanctuaire de la Sainte Vierge, eſt demeurée ſuſpendue ſur une planche de ſapin, ſans faire ſon effet ; mais une autre bombe a renverſé une partie de la chapelle de Saint Sebaſtien, & une troiſiéme qui eſt tombée devant le grand portail, a briſé toutes les vîtres des maiſons, depuis ce portail juſqu'au marché de la grande rue. La fumée d'un magaſin de gaudron qui fut brûlé, s'étendit à plus de deux lieues, & fit croire que le Havre étoit tout en feu ; mais la plûpart de leurs bombes tomboient à faux, quoiqu'ils en ayent jetté environ neuf cens, dont quelques-unes qu'on a trouvé encore pleines d'artifices, peſoient deux cens cinquante & même cinq cens livres. Deux bateaux plats ſeulement ont été fracassés, mais il a péri des Officiers, des soldats, des bourgeois, & plus de cent maisons ont essuyé différens dommages, dont le total, y compris ce qu'on a perdu, ce qui a été brisé, ou volé, avec les frais du transport des meubles, a été estimé quatre cens mille livres.

Depuis quelques années on a bâti au Havre trois édifices publics d'une belle architecture. Premierement, un hôtel pour le Gouverneur, ou pour celui qui commande en son absence. Le Cardinal de Richelieu en avoit fait faire un dans la citadelle, mais il est inhabité depuis si longtems, & on l'a tellement négligé, qu'il tombe en ruine. Celui qu'on a construit, occupe la gorge du bastion de Saint-André, & il se présente du côté de la mer, de même que du côté de la rue. Il est vaste & très-apparent; le Lieutenant de Roi en a l'usage. En démolissant l'ancienne maison de ce boulevard (1752), on a trouvé dans l'épaisseur du mur de la cave douze corps humains enterrés & placés les uns sur les autres dans la même situation, quelques-uns sans tête. On ne peut douter que ce ne soient les corps d'Officiers Anglois de distinction tués au tems du siége dans la défense des palissades, où le choc fut si violent, & où fut blessé mortellement, du côté des François, Richelieu le sage. Au reste, on n'a découvert aucune inscription.

Le second édifice est la douane, ou la romaine, que les Fermiers ont fait construire avec magnificence sur le bord du grand quai, vis-à-vis de la pointe : il s'étend aussi du côté de la rue, & a ses appartemens sur une grande cour.

Le troisiéme édifice qu'on a bâti même dans le cours de la guerre, parce qu'il étoit nécessaire, est le siége de toutes les Jurisdictions. On l'appelle le Prétoire. Il termine une place fort longue, qu'on appelle *le marché*. Ce Prétoire est grand, orné, & chargé d'une horloge sur le comble.

Enfin, la Cour a supprimé, pendant la derniere guerre, le département de la Marine au Havre. On a ôté le pavillon François qui distinguoit ce port, & qui étoit attaché au grand mât de l'Amiral dans le bassin. L'Intendant & les autres Officiers de marine se sont retirés avec des pensions, & ce port est régi par un

Commissaire. On y bâtit cependant tou-
jous quelque vaisseau de Roi.

Personnes célebres de la ville du Havre.

Nous allons maintenant faire connoître
les personnes qui ont illustré le Havre
par leurs talens & leur mérite. Il ne faut
pas s'attendre à voir paroître dans une
ville où l'on est occupé principalement
du commerce, une quantité de Littéra-
teurs, comme dans quelques autres can-
tons de la Province de Normandie. C'est
pour n'avoir pas fait cette attention, que
Piganiol-de-la-Force a avancé qu'il n'y
avoit pas de ville en France où l'on cul-
tivât moins les lettres qu'au Havre de
Grace. Ce reproche seroit sanglant, s'il
pouvoit être pris dans toute l'étendue
des termes. Il est vrai qu'il n'y a point
de Palinod au Havre comme à Rouen, à
Caen, & à Dieppe, ni aucun exercice
public de littérature, puisqu'on n'y enseigne que les humanités, & que cet en-
seignement n'est, à proprement parler,
qu'une simple école. Il est vrai que les
Habitans n'ayant aucune occasion d'é-
crire & de disputer, se livrent à la dissi-
pation des sociétés & aux agrémens de

leur ville. Mais il ne s'enfuit pas pour ce
là qu'on y méprise les lettres; on trouv,
dans beaucoup de maisons de très-bonnes
bibliothéques, & les esprits y sont très-
disposés aux belles connoissances. C'est
à celle de la marine que s'attache le plus
grand nombre des Citoyens, qui y réus-
sissent fort bien; & quelques-uns ont fait
des livres de pilotage qui sont lûs partout
avec utilité. Plusieurs cependant se sont
appliqués à d'autres sciences, & nous
allons commencer par deux personnes
bien connues des Gens de Lettres, Monsieur & Mademoiselle de Scudéri.

Monsieur & Mademoiselle de Scudéri
nés au Havre de Grace, étoient issus
d'une famille noble du royaume de Na-
ples, depuis très-longtems établic à Apt
en Provence. Leur pere, après avoir
servi sur mer & sur terre avec distinction,
eut pour récompense de ses services, selon le Dictionnaire Historique (édition
de Hollande), le gouvernement du Havre de Grace. Ajoutez qu'il épousa une
riche Demoiselle de Normandie, dont le
pere étoit Seigneur de la Terre de Brilly.
Cette expression du Dictionnaire (le gouvernement du Havre) n'est point correcte,

recte, à moins qu'on ne dise qu'il n'a voulu signifier autre chose que la Lieutenance qu'avoit Scudéri dans cette place, ce qui est une espece de gouvernement en l'absence du Gouverneur. Mais il le dit trop absolument pour l'avoir entendu de cette maniere, & son erreur est celle de M. l'Abbé Dolivet. (Hist. de l'Acad. Franç.) M. Piganiol de la Force s'exprime avec plus de précision, & dit que ces deux personnes étoient nées au Havre de Grace d'un pere qui commandoit dans cette place sous l'Amiral de Villars. En effet, ceux qui liront cette histoire, verront par eux-mêmes que M. de Scudéri, quoique distingué par sa naissance & ses services, n'étoit point d'un rang à posseder en chef le gouvernement du Havre. Mais ce que dit M. Piganiol, n'est point encore tout-à-fait juste ; car M. de Scudéri le fils n'est né qu'en 1601 : ce n'est donc pas d'un pere qui commandoit sous l'Amiral de Villars, puisque l'Amiral de Villars mourut dans la guerre de la France contre l'Espagne en 1595 , outre que nous avons vû qu'il avoit donné, dès 1593 , la Lieutenance au Marquis de

S

Villars son frere, qui eut après lui le gouvernement. Ainsi, il faut dire que M. de Scudéri n'eut la Lieutenance ou le commandement du Havre de Grace, que sous ce dernier, jusqu'à 1610; car vers ce tems l'histoire du Havre, comme on a vû, fait mention d'un Lieutenant de M. de Villars, qu'elle nomme Hugues d'Athenoux, qui avoit sans doute succedé à M. de Scudéri.

Georges de Scudéri, Gouverneur de Notre-Dame de la Garde, & l'un des quarante de l'Académie Françoise, a donné plusieurs piéces de théâtre; dont il y en a seize d'imprimées, & plusieurs autres ouvrages, tant en vers qu'en prose. Il mourut le 14 Mai 1667, âgé de soixante-six ans.

Madeleine de Scudéri naquit au Havre en 1607. Etant venue à Paris, dans sa jeunesse, elle eut entrée à l'hôtel de Rambouillet, qui étoit alors le centre du bel esprit. Elle commença par écrire des romans, genre de composition qui étoit à la mode, & elle sçut leur donner tant de sel & d'agrément, qu'elle les fit lire avec avidité, & se fit rechercher de toutes les personnes d'esprit & de mé-

rite. Son plus intime ami fut le célébre
M. Pelliſſon ; & comme ils étoient tous
deux d'une extrême laideur, on fit ces
vers.

La figure de Pelliſſon
Eſt une figure effroyable ;
Mais quoique ce vilain garçon
Soit plus laid qu'un ſinge & qu'un diable ;
Sapho lui trouve des appas ;
Mais je ne m'en étonne pas,
Car chacun aime ſon ſemblable.

J'ai choiſi dans les œuvres de cette
admirable fille une petite piéce de vers
qui peut ſervir de réponſe à cette épi-
gramme, & faire voir que Mademoiſelle de Scudéri étoit plus touchée de
la beauté de l'eſprit, que de celle de la
figure, & que ſur tout cela elle donnoic
lapréférence à la vertu.

La fleur que vous avez vû naître,
Et qui va bientôt diſparoître,
C'eſt la beauté qu'on vante tant ;
L'une brille quelques journées,
L'autre dure quelques années,
Et diminuë à chaque inſtant.

L'esprit dure un peu davantage,
Mais à la fin il s'affoiblit,
Et s'il se forme d'âge en âge,
Il brille moins, plus il mûrit.

La vertu, seul bien véritable,
Nous suit au-delà du trépas ;
Mais ce bien solide & durable ,
Hélas ! on ne le cherche pas.

Plusieurs de ses écrits parurent êtr des romans ; mais cependant, quand on voudra les examiner, on trouvera qu'ils font des especes de poëmes épiques en prose, & des histoires véritables sous des noms cachés. Elle a composé grand nombre d'ouvrages ; dont plusieurs ont porté le titre de M. Scudéri, quoiqu'il n'y eût aucune part. L'Académie des Ricovrati de Padoue, l'associa, après la mort de la fameuse Helene Cornaro. Elle eut aussi la gloire d'être de toutes les Académies où les personnes de son sexe peuvent être reçues. Elle avoit remporté à l'Académie Françoise le prix d'éloquence en 1671, par son discours de la gloire. Tout ce qu'il y avoit en France de grand

& de distingué, faisoit volontiers les avances pour être connu de Mademoiselle de Scudéri. Les Etrangers, que leur curiosité attiroit à Paris, ne manquoient guères de la voir. Le Prince de Paderborn, Evêque de Munster, la régala de sa médaille & de ses ouvrages. Christine, Reine de Suede, l'honora de ses caresses, de son portrait, d'un brevet de pension, souvent de ses lettres, toujours de son estime, & même de son amitié. Le Cardinal Mazarin lui avoit laissé une pension par son testament, le Chancelier Boucherat lui en établit une sur le sceau, & le Roi la gratifia d'une autre de deux mille livres, & même de sa médaille, en 1683. Plusieurs Sçavans entretenoient commerce de littérature avec Mademoiselle de Scudéri, & elle leur répondit en prose & en vers jusqu'à sa mort, arrivée à Paris le 2 de Juin 1701, dans sa quatre-vingt-quatorziéme année. Deux Eglises, sans intérêt & par pure estime, se disputerent l'honneur de lui donner la sépulture. Cette contestation fut portée devant le Cardinal de Noailles, & décidée en faveur de Saint Nicolas-des-Champs sa

Paroiſſe, où elle fut enterrée, le 3 de Juin au ſoir.

Elle porta pendant ſa vie le ſurnom de Sapho ; mais ſi elle égala la Sapho de la Gréce par la délicateſſe de ſon eſprit, elle la ſurpaſſa par les vertus de ſon cœur & par ſa modeſtie.

On ne ſera pas fâché de trouver ici une circonſtance qui fait honneur à l'eſprit de Mademoiſelle de Scudéri, & à la protection qu'elle avoit chez les premieres perſonnes du royaume.... étant allée à Vincennes pour voir le grand Condé qui y étoit détenu, elle ſçut qu'il étoit parti de la veille : le Jardinier lui fit voir pluſieurs pots d'œillets que le Prince avoit pris plaiſir à cultiver lui-même. Comme ce Jardinier lui en témoignoit ſon étonnement, elle lui demanda une ardoiſe, ſur laquelle elle écrivit ſur le champ ces quatre beaux vers.

En voyant ces œillets qu'un illuſtre Guerrier
Arroſa d'une main qui gagna des batailles,
Souviens-toi qu'Apollon bâtiſſoit des murailles,
Et ne t'étonne point que Mars ſoit Jardinier.

Marie-Madelaine Pioche de la Vergne, Comteſſe de la Fayette, illuſtre par ſon esprit & ses ouvrages, étoit fille d'Aymar de la Vergne, Lieutenant au gouvernement du Havre, & non point Gouverneur, comme disent encore les Dictionnaires. Nous avons vû dans l'histoire de cette ville à l'année 1648, que Madame la Duchesse d'Aiguillon, qui régissoit, au nom de son neveu, le gouvernement du Havre, chargea d'une commission le Capitaine de la Vergne pere de Madame de la Fayette. Elle épousa en 1655, François, Comte de la Fayette, & mérita les éloges de M. Huet, de Ségrais, de Ménage, de la Fontaine, & des autres Sçavans dont elle étoit protectrice. Elle mourut en 1693. C'est elle qui a composé Zaïde, la Princesse de Cléves, & la Princesse de Montpensier, romans bien écrits, & qui sont estimés. On les a attribués à M. de Ségrais, mais il convient lui-même n'en avoir fait que fort peu de choses. On a encore de Madame de la Fayette des mémoires de la Cour de France, pour les années 1688 & 1689, qui contiennent des anecdotes curieuses; avec la vie de Madame Henriette, épouse de Monsieur, qui est très-bien écrite,

Cette Dame étoit fort estimée à l
Cour ; & sur la fin de sa vie, elle s'a
donna avec ferveur à tous les exercice
de piété.

Dom Garet, de la Congrégation de
Saint Maur , fit profession en l'Abbaye
de Vendôme , le 27 de Mars 1647
âgé de vingt ans. Demeurant en l'Abbaye de Saint Ouen de Rouen, il en
treprit une nouvelle édition des œuvres
de Cassiodore. Après s'être employé
avec beaucoup d'exactitude à les corriger , & à les revoir sur plusieurs ma-
nuscrits , il les accompagna de notes sça-
vantes & judicieuses. Il dédia cette nouvelle édition à M. le Tellier , Chancelier
de France , & elle fut imprimée à Rouen
en 1679 , en un gros volume *in-folio*,
divisé en deux tomes. Les ouvrages de
Cassiodore sont précédés d'une disserta-
tion sur sa profession monastique , où l'on
fait voir contre le sentiment de Baronius,
qu'il a été Religieux de l'Ordre de Saint
Benoît. Le Pere Garet mourut en l'Abbaye de Jumiéges en 1694 , âgé de
soixante-sept ans.

J'avertis d'abord que ce que je vais
dire dans l'article suivant, est tiré , pour

les

les faits, d'une lettre de Rouen, qui m'a été communiquée ; que je ne suis garant de rien, & que je ne prends aucun parti dans une dispute où sont mêlées des personnes respectables, & dont l'objet ne m'est pas assez connu.

M. Hantier, Prêtre, natif du Havre, montra dès sa jeunesse de grandes dispositions pour la peinture & le dessein. Après des essais de peu d'importance, il s'enhardit, & s'avança jusqu'à faire divers petits ouvrages que l'on vit avec satisfaction, & qui se conservent encore dans le pays. Comme il sentoit lui-même le grand fond de génie qu'il avoit pour les sciences qui dépendent du dessein, il ne voulut pas le négliger ; & fit tout d'un coup son capital de l'étude de la perspective. Il passa trente-cinq ans à faire des recherches, & après ce tems il vint à Paris, pour y conférer avec les Maîtres de cet art. M. Hantier étoit naturellement un peu rustique, & ne connoissoit point les ménagemens qui sont nécessaires dans la société, surtout avec les Savans qui ne sont pas toujours humanisés par les belles Lettres, & qui sont pour l'ordinaire idolâtres de leurs opinions. Il commença par viſiter les édifices publics, il s'inſinua même dans les plus riches cabinets, pour en examiner les piéces de deſſein, & les ouvrages de peinture les plus priſés & les plus rares. Il trouva, ou s'imagina trouver des défauts dans quelques-uns des plus célébres, & en fit convenir quelquefois des témoins judicieux. Cette hardieſſe le fit craindre des Artiſtes les plus diſtingués, qui ne voyoient rien d'égal à la délicateſſe de ſon goût, & ils eurent même beſoin de le prier de ne point répandre ſes remarques dans le Public.

La perſpective a des regles, mais tous ne les connoiſſent pas, ou ne s'en ſervent pas avec la même adreſſe. On cherchoit depuis long-tems, dans les pays étrangers, le point radical de la preuve de ces regles, & il ne s'étoit point encore trouvé de Savant qui eût entrepris de la démontrer mécaniquement. M. Hantier avança dans Paris, qu'il avoit trouvé en 1690 la preuve de la perſpective, & qu'il offroit de la démontrer mécaniquement devant les Puiſſances, ou dans une Académie. Pour donner un avant-goût de cette preuve,

il peignit des sujets de perspective, qui
parvinrent jusqu'au Roi, & particuliérement la place de Louis le Grand,
dont l'effet parut à l'œil une chose admirable. Messieurs de l'Académie Royale
des Sciences qui considérerent cet ouvrage avec attention, le trouverent digne d'être présenté à Sa Majesté ; &
délivrerent à l'Auteur un certificat le
26 de Juin 1704, où ils attestoient
autentiquement que ce travail étoit d'une
nouvelle invention, & exécuté avec
beaucoup de génie.

M. Hantier fut bientôt connu de tout
le monde, & les personnes de qualité le
demanderent avec empressement, pour
qu'il donnât à leurs enfans des leçons
de perspective. Mais dès que sa réputation fut faite & soutenue par le suffrage
du Public, les ignorans ou les demi-
savans qui attendent à ce point les personnes de mérite, jaloux de sa gloire,
cabalerent contre lui ; & l'attaquerent
par les ressources ordinaires de l'envie,
le mensonge & les injures. Mais M. Hantier qui méprisa ceux-ci, eut à se défendre contre des personnes de poids par
leur science & par leur probité. On

avoit promis dans différens pays différentes sommes pour exciter les Savans
à rechercher la preuve des regles de la
perspective, non-seulement pour la beauté
des tableaux, mais encore pour la justesse
des cartes marines. Le Monarque François qui favorisoit & fixoit toutes les
sciences dans son royaume, avoit aussi
promis de grandes récompenses, pour
faire naître dans ses Etats cette importante découverte; M. Hantier avoit déja
ressenti ses faveurs, & le Roi, pour l'en-
courager, lui avoit même assigné un
emploi. Pour mériter ces prix d'honneur,
les Savans étoient depuis longtems en-
trés dans la carriere, & l'on comptoit
parmi les prétendans, Vander-Meer, Mi-
rolois, le Pere Niceron, le Pere Millet
de Chales, Ozanam, le Pere Lamy, &
Louis Bretès.

M. Hantier regarda comme suranné
le système de ces grands hommes, &
prétendit montrer dans ses livres aux
trois derniers Auteurs encore vivans,
qu'ils n'avoient rien inventé, & que
n'étant à la lettre que les copistes des
premiers, ils étoient tombés avec eux

dans la même erreur (*a*). Il étoit dur pour ces Savans de voir abolir une réputation qui étoit grande, à la cour & à la ville. On s'aigrit contre lui, & sans entamer son système dont on n'avoit pas suffisamment la connoissance, on s'abandonna à de vagues déclamations, publiant partout qu'il en imposoit par ses prétendues découvertes, & on attaqua les mots arbitraires qu'il établissoit, pour se faire entendre. Il avoit d'abord supprimé, selon l'usage de quelques Savans, une lettre de son nom, dont l'aspiration étoit rude, & il marquoit de ce nom la plûpart de ses idées, pour les faire connoître. Ces chicanes frivoles étoient toute la base de la dispute qu'on avoit avec lui. On lui refusoit aussi le titre de Perspecteur, qu'il donnoit à celui qui avoit découvert la preuve de la perspective. Mais il est permis à l'Auteur d'une

____

(*a*) M. Jeaurat dans son livre de perspective, imprimé en 1750, fait à peu près les mêmes plaintes. Il dit que ces Auteurs n'en ont pas dévelopé tous les principes, & qu'aucun des traités qu'il a vûs, n'a porté ces principes qui ont leur source dans la géométrie, au point d'évidence, dont ils sont susceptibles.

découverte, de se donner un nouveau nom ; & si le Pere Niceron a donné le titre de perspectif à celui qui traite de la perspective, M. Hantier prétendoit qu'on pouvoit bien appeller Perspecteur, celui qui en avoit trouvé la preuve. Restoit à sçavoir si cette preuve étoit trouvée. D'ailleurs, ce mot qui ne répugne point à la Langue Françoise, (M. Jeaurat l'employe aussi) désigna très-bien le genre de connoissance auquel on s'applique.

Cependant M. Hantier, terrassé par ses ennemis, ne trouva plus d'accès auprès du Roi ; on employa différens manéges, & les demi-Savans qu'il avoit méprisés d'abord ; par une pratique assez commune à l'envie & à l'ignorance, firent courir sous son nom des absurdités qu'il désavouoit. Ce n'étoit pas sans sujet que ces gens se déchaînoient ainsi contre lui. En effet, ses amis prétendent que s'il lui eût été permis de démontrer sa preuve devant le Roi ou dans l'Académie ; dès ce moment les conjectures des autres se seroient évanouies, & il ne seroit demeuré dans leurs écrits, qu'une apparence de doctrine.

Notre Perfpecteur fe retira à Rouen auprès de M. de Luxembourg qui le chargea de donner à fon fils le Duc de Montmorency les élémens de fa doctrine. Ce jeune Seigneur qui n'avoit pas encore atteint fe huitiéme année, comprit bientôt les principes de fon maître avec tant de facilité, qu'au bout de deux mois il étoit déja en état de foutenir le nouveau fyſtême, & de critiquer toutes fortes d'ouvrages du reſſort de la perfpective, d'une maniere fi vive & fi nette, que perſonne ne pouvoit tenir contre lui fur les plus grandes difficultés. Il entreprit même de faire la critique des Auteurs que j'ai cités, & M. Hantier eut la gloire qu'un enfant, par une pénétration merveilleuſe, fît la loi au Pere Lamy & à Louis Bretès.

Alors M. Hantier publia un Livre ainſi intitulé : (La découverte de la preuve de la perfpective, fondée fur des points donnés & déterminés par la nature, où tous les Savans ont varié jufqu'à préſent, par demandes & réponſes, à l'uſage de Mgr. le Duc de Montmorency.) Il continuoit ainſi de confondre fes adverſaires ; & il fit fans doute alors le sacrifice

de ſes eſperances à l'égard de la démonſ-
tration du point radical de cette preuve.
Mais ce qui rendit ſon triomphe complet,
fut la perfection d'une machine qu'il employoit à ſes découvertes, & dont le
ſuccès qui tenoit du prodige, déconcerta
ſes envieux. Depuis ce moment, les perſonnes de mérite & de qualité prirent
également de ſes leçons, & le jeune Seigneur apprit en deux jours ce que M.
Hantier appelloit des routes ; en quoi
il rectiſioit un peu le certificat que les
plus Experts Mécaniciens de l'Académie
des Sciences avoient donné à ſon maître
pour la découverte de ces routes ; car ils
les reconnoiſſoient de nouvelle invention,
mais trop difficiles & de trop longue
exécution, pour être miſes en uſage. M.
Hantier eſt mort à Rouen.

Cet excellent Mathématicien étoit en
même-tems habile Peintre & habile Gra-
veur. Il a peint dans la coupole du dôme
de la Communauté, un Crucifix qu'on
voit de face de la même maniere que
celui des grandes Carmelites de Paris
(par Champagne ;) mais celui du Hayre
a plus de courbure encore dans les genoux que celui des Carmelites, qui eſt

néanmoins d'une grande beauté. Il a deſſiné auſſi & gravé en élévation un plan de la ville du Havre, où les points de perſpective ſont repréſentés avec une préciſion & un goût admirables.

Le Pere François Lambert Capucin, a compoſé un excellent Livre de méditations, que tous les convens de la province ont adopté.

François Caſſé, Docteur de Sorbonne & Principal du College de Liſieux à Paris, devint Controverſiſte du Roi pour l'inſtruction des Religionnaires. Après avoir paſſé quelques années dans cet emploi difficile qu'il exerçoit dans l'Egliſe de Saint Sulpice avec beaucoup d'édification, il accepta un bénéfice à charge d'ames. On ne conſentit point à ſa retraite : des Docteurs de Sorbonne furent trouver le Roi Louis XIV, à Verſailles, pour lui repréſenter que M. Caſſé pouvoit ſeul avec autant de ſuccès faire les conférences. Sa Majeſté le redemanda ; il obéit, & ayant réſigné ſa Cure à ſon neveu, il fut gratifié de la part du Roi d'une penſion équivalente. Il reprit donc à Paris ſes laborieux exercices, & ſon zèle ardent le faiſoit voyager pendant les vacances dans les grandes villes du royaume où il faisoit des Missions. J'ai vû avec satisfaction dans une ville célébre de la province, les Habitans se ressouvenir de lui, & faire de ses talens un grand éloge. Il est mort à Paris au mois de Septembre 1726, & a été enterré devant la chapelle de la Sainte Vierge à Saint Sulpice, afin, dit-il dans son testament, que son corps repose où son cœur a toujours été. Il a fondé deux bourses au Collège de Lisieux pour les enfans de la ville du Havre.

Dom Tournois Religieux de la Congrégation de S. Maur, entreprit un Dictionnaire de sept langues; Hébraïque, Chaldaïque, Syriaque, Arabique, Grecque, Latine, & Françoise. On ne peut guères concevoir un dessein plus vaste & d'une plus grande érudition. Pour donner à ses compatriotes un avant-goût de ses découvertes sur la langue sainte, il leur envoya, il y a plusieurs années par le moyen de son frere, une explication nouvelle des deux endroits du Pseaume 67, (*Exurgat Deus*) qui ont donné à l'esprit des Savans tant de tortures. Par la comparaison de divers passages du

texte sacré, il fait voir, selon ses principes, naturellement & sans effort,
quel est le vrai sens de ces deux endroits de l'Écriture. Dom Tournois est
mort sans finir cet ouvrage qui n'est point
imprimé.

COMMERCE MARITIME
du Havre de Grace.

Avantages de ce Port.

LE Havre de Grace fitué précifément à l'embouchure de la Seine, eft comme la porte de toute la France. Les marchandifes du nouveau monde, celles du Levant, de l'Italie, de la Provence, de l'Efpagne & du Portugal, jointes à la meilleure partie de celles du Nord, d'Angleterre, de Hollande, du Danemarck & de la Suede, ne viennent à Paris que par cette voye. On peut dire avec vérité qu'il mérite ce fameux concours. Dans un égal éloignement, à peu près, de la Bretagne & de la Flandre, il eft comme le front de cette partie du royaume, & jette fes regards fur tous les peuples du nord. Dans un climat fain & fertile, à l'entrée de la mer, à la bouche d'une riviere qui arrofe la capitale, il unit enfemble leurs avantages refpectifs. Dans un pays abondant en toute forte de vivres, il peut encore recevoir les

denrées des plus floriſſantes provinces
par des voyes courtes & faciles, outre
que défendu par ſes tours, ſes baſtions
& ſa citadelle, il ne redoute aucuns dangers & tient en ſûreté des biens immenſes.
La rade eſt bonne pour la tenue, les vents
qui ferolent ſouffrir, pouſſent au port, dont
on ne manque preſque jamais l'entrée. Au
reſte le port de Honfleur ſert de refuge,
& la crique du Hoc avec un peu de
travail pourroit devenir à l'égard des vaiſſeaux de moyenne grandeur, une bonne
retraite qui diſputeroit à la rade l'avantage
de recevoir tous ceux qui auroient manqué le port. Son baſſin toujours plein
d'eau qu'on rafraîchit & qu'on renou-
velle, & les vaſes qui bordent le canal
dans les deux lignes, le mettent en état
d'être fréquenté par toute eſpece de vaiſſeaux, même par ceux de la méditerrannée peu propres à prendre terre. Avec
tant d'avantages il eſt à portée plus qu'aucun autre du royaume, de faire paſſer
preſque ſans riſque & à peu de frais, ſoit
par mer, ſoit par riviere, dans les provinces de Bretagne, Normandie, Picardie,
à Rouen, Caën, Paris enfin, & au-delà,
toutes les marchandiſes qui y deſcendent

des royaumes étrangers, de l'Amérique,
& des Colonies Françoises.

Un port de cette nature, l'entrepôt
& le terme de toutes les navigations, flux
& reflux de toutes les commodités de la
vie, qu'il donne ou qu'il reçoit, paroîtroit
mériter les attentions du Ministere pour
être érigé en port franc, si l'on vouloit
multiplier ce privilege. Loin qu'il en résul-
tât quelque dommage pour les finances,
on se flatte que la gloire & les richesses
de l'Etat en seroient de beaucoup aug-
mentées, puisque cette franchise dans un
port comblé de tant d'avantages, y feroit couler infailliblement le commerce
de tous les pays du monde. Cependant la
ville du Havre doit cette reconnoissance
au Ministere, de ce qu'il a refusé jusqu'ici
les offres de Saint-Malo, & a par-là conservé son commerce. On connoît assez l'é-
mulation de ces deux villes; Saint-Malo
célebre par ses richesses, l'expérience &
la bravoure de ses Mariniers, & le Havre
célebre également par la science de la
marine, mais qui n'oppose aux richesses
de Saint-Malo, que sa fidélité, son zéle,
& les avantages reconnus de sa situation.

Dans les deux premiers siécles de la fondation du Havre, ce port étoit l'arcenal des navires du Roi. Cependant les étrangers y firent toujours des voyages ; & sa destinée pour le commerce, se déclara dès les premiers tems. En effet, un port situé comme celui-là, ne pouvoit manquer d'être un port de commerce. Aussi cet abord de vaisseaux qui date des premieres années de la fondation, alla toujours en augmentant.

Ancien commerce.

La pêche de la baleine, celle de la morue, & la traite du Canada, furent le premier commerce. La pêche de la baleine est totalement abandonnée depuis longtems ; mais les Négocians de ce port sembloient s'être appropriés celle de la morue sur le banc de Terre-neuve, qu'ils ont faite plus que tous les autres, puisqu'ils y envoyoient jusqu'à 120 vaisseaux de la seule ville du Havre. Sans parler des autres branches moins importantes de son commerce, elle cultivoit encore la traite du Canada, qu'elle étendit considérablement, & dont elle a été seule en possession pendant plus d'un siécle. De ces différens commerce, il ne reste plus que quelques voyages faits encore au banc de Terreneuve, mais il aborde au Havre tous les ans 25 à 30 navires de Granville, de Saint-Malo, des Sables d'Olonne, de la Rochelle, de Fécamp, & d'autres lieux qui ont leurs retours en ce port, pour y décharger les morues vertes & séches qui s'enlevent pour Rouen & pour Paris, la Champagne & la Picardie, le reste demeurant à la ville pour son usage.

On dit que ceux du Havre ont armé les premiers de toute la France pour la mer du sud ; au moins est-il certain qu'ils ont cultivé ce commerce avec chaleur, tant qu'il a été permis aux particuliers, de même que celui des grandes Indes, dont la Compagnie royale, après avoir eu long-tems son siége au Havre, s'en est enfin retirée ; mais elle recueille encore par les navires de ce port, qu'elle fréte, une partie des richesses qu'elle a aux Isles de l'Amérique. Il se fait actuellement du Havre aussi peu de voyages pour la traite des Noirs à la côte d'Afrique, que pour la pêche des morues vertes : la traite se fait en poudre d'or, en morfil, & en cire ; mais la plus considérable

rable eſt celle des Noirs qu'on achete &
qu'on tranſporte aux Iſles de Saint-Domingue & de la Martinique. Les marchandiſes qu'on en rapporte, munies d'un
certificat, ont l'exemption de la moitié
des droits locaux, & de ceux d'entrée dans
le royaume, auſſi-bien que celles de la
Compagnie des Indes.

Deux Compagnies ont voulu, il y a
pluſieurs années, s'établir au Havre
pour la pêche des morues: l'une, ſous le
nom de Niganiche, quartier de l'Iſle
royale, & l'autre, ſous le nom de S.
Jean, Iſle ſituée à 40 ou 50 lieues de
l'embouchure du fleuve Saint-Laurent,
dans la baye de Canada. Le projet de cette
derniere étoit extrêmement étendu, tant
par rapport à la pêche des morues ſéden-
taires, qu'à la traite dans le Canada &
les Iſles méridionales de l'Amérique :
mais les ſuccès n'ont pas répondu aux
grandes dépenſes qu'on avoit faites pour
ces deux entrepriſes, & il n'en reſte que
des veſtiges peu mémorables.

Nouveau Commerce.

Le commerce des Iſles de l'Amérique
offroit dans ces derniers tems un objet

V

plus vaste & plus lucratif ; on l'a cultivé
avec ardeur & avec succès. On peut rapporter à la paix de 1713 l'époque de son
établissement. Dans les années 1718 &
1720 on ne comptoit encore que 7 à 8
petits navires employés à cette navigation. Leur nombre s'est tellement accru,
que l'on compte aujourd'hui 50 à 60
vaisseaux depuis 150 jusqu'à 500 tonneaux, & plus, continuellement occupés
à la traite des Isles de l'Amérique. Ils
partent en toutes saisons, mais plus ordinairement depuis Octobre jusqu'au mois
de Mars, tant afin de porter les bœufs
nouveaux à la Martinique, que pour en
rapporter les fruits de la recolte, & n'y
pas passer la saison des ouragans qui
regnent dans ces mers depuis le 15 de
Juillet jusqu'au 15 d'Octobre. En allant
à la Martinique ils sont chargés de toutes
sortes de provisions & de marchandises.
L'on prend dans le sein même de la ville
grand nombre de denrées. Les dentelles
de fil blanc que les femmes y fabriquent, &
dont on fait des envois considérables aux
grandes Indes, aux Indes Espagnoles, à
nos Colonies, à Paris, à Lyon, aux
Foires de Caën & de Guibray, sont partie

de ces marchandifes : leur prix va jufqu'à 25 livres l'aune, & même 50 &
60, lorfqu'on les fait faire exprès.

La charge pour Saint-Domingue eft
à peu près la même, fi ce n'eft qu'on y
porte plus rarement des chairs falées.
Les échanges font de l'indigo, du coton,
des fucres blancs & communs, des bariques de fucre brut, du caffé, des cuirs,
du caret, des liqueurs, des confitures,
du gingembre, du cacao, & plufieurs
autres chofes. Celles de ces marchandifes qu'on deftine pour l'étranger, ne
payent aucuns droits, & felon la teneur
des Lettres patentes de 1717 on les peut
garder un an entier avec ce privilege.
Mais elles y deviennent fujettes, lorfqu'on les enleve pour quelque ville du
royaume. On les appelle dans le premier
cas marchandifes en entrepôt. Ces diverfes denrées s'envoyent dans les provinces, la Picardie, la Champagne, l'Ifle
de France, à Marfeille, à Amfterdam &
Rotterdam, à Hambourg, au Levant,
dans l'Angleterre, & s'étendent même
jufqu'à la mer Baltique. Quelques fucres
blancs & quelques caffés paffent dans
l'intérieur du royaume, mais en petite

quantité ; il s'en répand une partie dans l'Espagne & le Portugal. Certaines marchandises ne courent que le royaume, & se débitent sur-tout à Rouen, Caën, Caudebec, au Pont-Audemer, à Harfleur, à Montivilliers & autres endroits de la province.

Il y a au Havre pour l'Amérique une espece de commerce qui consiste en pacotilles. (Expression consacrée à cela dans le pays.) Il n'est guéres de familles, de professions , de particuliers qui ne s'y livrent. On en charge les Officiers ou les gens de l'équipage. On vend ces pacotilles à deux conditions , ou en prenant 5 pour 100 sur la vente, & 5 pour 100 sur ce qu'on échange ou qu'on achete ; ou bien en faisant bon de la moitié du profit net, les rapports étant liquidés. Les pacotilles ne payent aucun fret, on n'en exige que sur les marchandises du retour.

Avant les dernieres guerres il s'étoit formé deux sociétés pour le Canada, qui sembloient vouloir ramener au Havre ce commerce interrompu depuis si long-tems : leurs premiers succès faisoient tout esperer pour des accroissemens considérables. Les vaisseaux étoient chargés de toutes sortes de marchandises pour Québec en droiture, & les échanges se faisoient en pelleteries, en morues séches, en huiles de poisson, en planches, &c. pour le Havre, Rouen & Paris. La guerre de 1744 a interrompu ce négoce.

Quand il est permis d'enlever des bleds, il s'en fait au Havre des embarquemens considérables. On les tire du pays de Caux, de toute la Normandie, de la Brie, de la Champagne, du Soissonnois, & de toutes les provinces qui communiquent à la Seine; & on les répand à Bordeaux, à Bayonne, à Lisbonne, à Cadix, à Carthagene, à Alicante, à Marseille. Dans un autre cas, c'est au Havre de Grace qu'abordent les bleds étrangers qui se répandent par la riviere jusqu'au sein de la capitale & au cœur du royaume, dans le tems de la disette des grains.

Environ 50 alléges ou vaisseaux de transport sont occupés à porter à Rouen cinq à six fois chacun par an la plûpart des marchandises qui arrivent au Havre, & à en rapporter celles dont on doit de nouveau charger les vaisseaux; mais ils sont moins garnis quand ils descendent

que quand ils montent. Ce font des bâtimens plats qui tirent peu d'eau, & qui
font propres à l'échouage. Ils font très-
forts de bois, bien équipés, du port de
80 jufqu'à 130 tonneaux, & reviennent
quelquefois jufqu'à 25 mille livres. Les
Havrois les appellent des Heux. Ils font
encore les voyages de la Rochelle, de
Bordeaux, de Hambourg & de la Hollande. A ces Heux fe joignent les alléges de Rouen, de Harfleur, & d'autres
ports qui viennent fouvent fe remplir
au Havre pour faire les mêmes courfes.
De plus, 30 bateaux de ce port conte-
nant 40 jufqu'à 80 tonneaux de charge,
font & refont continuellement les petits
voyages de Saint-Valeri, de Dieppe, de
Fécamp, d'Ifigny, de Honfleur, de la
Touque & de la Dive, de Caën, & de
tous les petits ports de la baffe Normandie,
& de la riviere; ils y portent une partie
des denrées du cru des Ifles de l'Amérique françoife, fur-tout pour les Foires
de Guibray & de Caën; mais ils reviennent fans charge, ou bien ils rapportent
quelques cordages de Saint-Valeri, quelques poiffons falés de Dieppe, de Caën;
de la pierre & du carreau; mais ceux qui

reviennent de Honfleur, ont ordinairement plus de charge, & fourniffent de la
baffe Normandie les cidres, les chanvres,
des bœufs, des fruits, des toiles à voiles
de navires, du bois & du beurre.

*Abord de navires de toutes les mers
dans le Port du Havre.*

La ville de Saint-Malo a peu de commerce direct avec le Havre, quoiqu'il y
vienne tous les ans 25 à 30 gros vaiffeaux
de ce port, qui au retour de la Terreneuve entrent dans la méditerrannée & fe
chargent par fret, à Cadix, Carthagene,
Alicante, & Marfeille, pour le Havre,
d'où ils retournent chez eux vuides en
partie, & en partie rechargés pour
d'autres endroits, & même pour l'A-
mérique.

Vingt petits navires tous les ans apportent de Bordeaux des vins, des eaux-
de-vie, du vinaigre, du liége, de la
farine, &c. tandis qu'il vient de la Rochelle, de l'Ifle de Ré, de Rochefort,
de Nantes & de Breft, environ 35 navires chargés de vin, d'eau-de-vie, de
cire, de pains de fucre, de fel pour la
franchife.

25 à 30 navires de Bayonne viennent aborder tous les ans au port du Havre, chargés de laines fines, entre plusieurs autres marchandises. Leur retour ne se fait ordinairement qu'avec une demie charge.

Presque toutes les marchandises fines que le Portugal tire de la France, lui viennent par le canal du Havre de Grace : 5 ou 6 petits navires de 100 à 120 tonneaux, font tous les ans pour cela chacun deux ou trois voyages à Lisbonne. Ils sont toujours chargés de richesses immenses, puisque ce sont les marchandises les plus rares & les plus précieuses de nos manufactures qu'ils transportent en ce pays. Celles qu'ils en rapportent ne sont pas si considérables.

On arme encore tous les ans 10 à 12 gros navires pour l'Espagne, dont les marchandises sont d'une égale richesse, que celles qui passent en Portugal. L'Espagne renvoye à la ville du Havre, tant d'Alicante, de Carthagene, de Cadix, que de Bilbao, 30 ou 40 navires chargés d'huile, de savon, de citrons & d'oranges, de raisins secs, de matieres d'or & d'argent en grande quantité....... Cette

fournit

fournit de vins & de liqueurs environ 20
navires pour le Havre, & il reçoit de
Marseille, tous les ans, quarante gros
vaisseaux, tant de Bretagne que de Normandie, & quelquefois de Provence.
Leur charge comprend entr'autres choses, du savon, de l'huile, du coton en
laine, des pièces de marbre, du vin fin
& des liqueurs, des figues, des citrons,
des oranges, des anchoies, & diverses
épices. Mais ce qu'ils reprennent pour
Marseille est moins important. Enfin 7
ou 8 navires viennent en droiture tous
les ans du port Maurice avec des huiles,
des fruits, & quelques drogues. De toutes ces marchandises une partie passe à
Rouen, Paris & Orléans ; l'autre est destinée pour la Champagne, la Picardie, &
la province.

L'Angleterre trafique au Havre & lui
envoye 45 à 50 gros vaisseaux tous les
ans, qui apportent le charbon de terre,
& quelques autres fortes denrées des
ports d'Ecosse, & de Londres même. Ils
y apportent aussi des ports de la Manche,
pour peu que les grains soient chers, du
bled, du seigle, de l'orge, & des farines.
Il en descend d'Irlande jusqu'au nombre

X

de 60 ; mais petits , dont les charges
confistent en barils de bœuf & de beurre ,
en fromages , en chandelles & en plusieurs
autres chofes. Ces quatre efpeces de
denrées fe chargent avec exemption de
tous droits pour les Colonies françoifes ;
le refte demeure dans la province. De
Londres même il arrive au Havre 30
à 35 navires chargés de tabac de Virginie
pour la Manufacture royale de tabac établie en cette ville ; mais l'Angleterre ne
tire de la France par la voye du Havre ,
que de l'indigo , des eaux-de-vie , des
dentelles & quelques étoffes.

De Hollande directement en ce port ,
il aborde chaque année environ 15 ou
16 navires chargés de mâts & de bois
pour la conftruction , de pipes & d'épice-
ries ; mais il en defcend de Rouen au moins
25 à 30 qui après s'être déchargés en
cette ville viennent prendre au Havre
une nouvelle charge des denrées du
nouveau monde pour la Hollande & la
mer Baltique.

Les vaiffeaux qui defcendent de Dant-
zick, Hambourg, Dannemarck, Suéde,
Norvege & Ruffie, peuvent aller à 60
ou 70 toutes les années. Leurs mar-

chandifes font principalement des mâts,
& d'autres bois pour la conftruction &
la menuiferie, des planches de Pruffe,
des planches de fapin, de la graine de lin
pour le pays de Caux, du chanvre, du
fer, de l'acier, &c. de tout cela on fait
divers envois dans la province & autre
part. Quelques-uns s'en retournent vuides, d'autres fe rempliffent de vieux fel;
mais il leur eft plus ordinaire de fe fréter
pour la Hollande, Hambourg & la mer
Baltique, qu'ils vont enrichir des marchandifes provenant des Colonies françoifes.

Par Arrêt du Confeil toutes les liqueurs embarquées pour la provifion des
navires, font exemptes des droits locaux
ou d'octroi. Celles qui viennent de dehors, étant déclarées pour Rouen ou
Paris, ont la même exemption pendant
le cours de trois femaines.

Il n'y a dans ce port ni Confuls, ni
Chambre de Commerce, quoiqu'on ne
puiffe douter de la grandeur & de l'importance de fon négoce. Les affaires
confulaires font portées à Rouen; mais
il y a deux Chambres ou Sociétés d'affu-
rances pour toute forte de navigation &
de commerce licite.

X ij

On use au Havre de deux sortes de poids ; L'un qu'on appelle *de Vicomté*, le même qu'à Rouen , est de 4 pour 100 plus fort que le marc ; on l'employe au détail seulement. L'autre qu'on appelle *Poids - le - Roi* , est proprement la mesure de la ville ; on est obligé de l'employer quand les masses excédent 25 livres. Il est de 8 par 100 plus fort que le poids de marc. On a jugé , dit-on , cette différence nécessaire , pour mettre quelqu'égalité entre les ventes de ces deux villes.

Les droits qu'on paye au Roi pour séjourner dans le bassin , sont de 4 sols le tonneau par mois. On y entretient aux dépens de Sa Majesté des pontons & des radeaux sur lesquels on abat les vaisseaux qu'on radoube , & qu'on carene avec une grande commodité , sans qu'il y ait aucun dommage à craindre pour le corps des navires. D'autres sont radoubés sur les vases du grand quai avec une égale sûreté.

Tous les commerces que nous venons d'expliquer , florissoient de cette façon avant les dernieres guerres. Mais nous ne pouvons dire si la ville du Havre a pû

encore, depuis la paix, fe relever de fes
infortunes & réparer fes pertes. Au refte
comme l'activité de fon commerce dépend principalement de quantité de riches
Négocians des grandes villes du royaume
qui ont en ce port leurs Correfpondans
& leurs Commiffionnaires, nous ne pouvons diffimuler qu'attendu la prodigieufe
multitude des habitans de cette ville, il
y a toujours une infinité de pauvres qui
ont befoin des douceurs de la paix & des
bontés de leur Prince.

DESCRIPTION

DE LA VILLE DU HAVRE,

De son port, de ses fortifications, & de sa citadelle.

LE Havre de Grace qui doit sa naissance à François I. est situé près du chef de Caux dans le diocèse de Rouen, à 49 dégrés 29 minutes de latitude. Nous ne fixons point ici le rang qu'il occupe dans la province. Le Lecteur judicieux qui aura lû cette histoire, le lui assignera selon sa volonté. Quelques personnes ont vû avec une sorte de surprise, que dans certains ouvrages on avançoit que la ville de Dieppe est la capitale du pays de Caux. Elles croyoient que la ville du Havre, comme gouvernement militaire général, département de la marine avec intendance, port de grand commerce, & la principale clef du roïaume par sa situation à l'embouchure de la Seine, pouvoit justement aspirer à ce titre. Pour moi qui ne veux blesser personne, & qui sçais que la ville de Dieppe a ses titres d'honneur, comme le Havre peut les avoir, j'estime qu'il faut appeller capitale du pays de Caux la ville de Caudebec, qui est en possession de ce rang depuis plusieurs siécles (a). On peut considérer le Havre comme ville, comme port de mer, comme place de guerre. Nous allons commencer par la description de la ville.

La Ville.

On l'appelle quelquefois la ville de Grace, quand on fait abstraction du port. Elle est composée de deux quartiers, le grand ou celui de Notre-Dame, le petit ou celui de S. François, & il en résulte

(a) La capitale des Calétes dont le premier nom est inconnu, fut détruite par Jules César, en punition de sa trop grande résistance. La tradition de Lillebonne est que ce Conquérant ayant considéré combien cette situation étoit importante, y bâtit la forteresse que l'on remarque encore au même endroit, & que cette place en prit le nom de *Juliobona*. Mais cette tradition n'est point certaine, & est contredite par quelques Savans qui ne croyent pas que Lillebonne soit l'ancienne *Juliobona*.

y compris le bras de mer qui les divise, un quarré long d'affez grande étendue. On y peut remarquer l'arrangement & le nombre des rues, les places, les fontaines, les édifices publics, les Eglifes, les portes, &c.

Les rues.

On en compte communément quarante, mais on ne confidere ainfi que les longueurs fans prendre garde aux différens noms que la même rue peut recevoir. La diftribution de celles du grand quartier, n'eft pas des plus régulieres, quoiqu'en général elles foient droites & affez bien ouvertes. Les plus belles s'étendent du nord au midi, & comme elles ne font pas interrompues, leur longueur paroît être confidérable. Elles font pavées de grès & proportionnées dans leur largeur. Celle qu'on appelle *la grande rue* dans le quartier de Notre - Dame, eft des plus belles qu'on puiffe voir. Comme elle s'étend de la porte d'Ingoville à la place du grand quai, fa fituation eft avantageufe. En effet, dès qu'on eft dans cette rue en quittant la porte, on diroit qu'elle va toucher les côtés qui font au-delà de la Seine ; ce qui forme un doute agréable dans l'esprit du Spectateur qui ne réfléchit pas au canal de la riviere. On trouve à gauche vers le milieu la place du marché terminée par le prétoire, édifice nouveau d'un très-bel aspect, & & sur la droite une grande rue. Au-delà du marché dans la même rue l'on apperçoit l'Eglise de Notre-Dame, dont le grand portail à la moderne ne peut manquer de fixer les regards. Enfin l'on parvient au quai où aboutit cette rue ; mais comme le côté droit n'est pas prolongé si loin que le gauche, cela fait un assez grand vuide où se tient la bourse ; de sorte que depuis l'entrée de la ville jusqu'au port, tout ce qu'on voit en avançant, réjouit la vûe. Cette longueur est de 230 toises. Les rues du petit quartier ne sont ni si longues, ni si larges, mais elles sont distribuées avec plus d'ordre. La principale qui est une des plus belles de la ville, conduit du pont de communication à la premiere porte de la citadelle. Son point de vûe est agréable.

Places publiques.

Il y a deux places dans la ville, la place du marché près de la grande Eglise, & la place d'armes à l'entrée du port. La place du marché qui forme un quarré long de 50 toises, est terminée à l'orient par l'édifice du prétoire ou du barreau. On voit une fontaine au milieu avec un grand réceptacle. La place d'armes forme un quarré presqu'égal environ de 40 toises. Quatre rues y aboutissent, & l'on y découvre tout le grand quai avec une partie de la citadelle. Sur un des côtés on voit trois allées d'arbres où l'on tient la bourse en été auprès du mur de la porte qui conduit à la mer, & au milieu de la place on trouve une fontaine qui jette l'eau par quatre bouches. Sur cette fontaine on voyoit autrefois une figure de Louis XIV. en pied, vêtu à la Romaine. Maintenant différentes armoiries ornent les quatre faces.

Les Fontaines.

On en a beaucoup multiplié le nombre depuis 30 années par de nouvelles eaux que la ville a achetées. Il y en a dans les deux quartiers, dans la citadelle, dans l'arſenal, la grande corderie, la groſſe tour, &c. elles n'ont rien de remarquable. On y fait venir l'eau très-claire & très-ſaine par des canaux ſouterrains dont l'entretien eſt conſidérable, & qui ſe dérangent ſouvent, ce qui cauſe à la ville une grande incommodité. On y ſupplée par des citernes. Mais dans ces cas la proviſion eſt chere & déterminée.

Les Egliſes.

Notre-Dame. Ç'eſt un édifice moderne, conçu & exécuté ſelon les regles de la bonne architecture. Sa longueur peut aller juſqu'à 235 ou 240 pieds ; & l'ordonnance en eſt dorique. Les arcades ſont en plein ceintre & ſuffiſamment élevées. La voûte des collatéraux, & celle des chapelles, ſont à la même hauteur ; ce qui forme une unité très-gracieuſe, qui découvre tout le bâtiment, & communique la lumiere des grandes vitres de chaque chapelle, ſans qu'il s'en pérde aucune partie. La voûte eſt ſoutenue par des colonnes fort délicates, ſur leſquelles du côté des collatéraux ſont adoſſés des pilaſtres avec une impoſte. Les trois parties de l'entablement font une faillie fur les chapiteaux des colonnes, ce qui les fait paroître doubles & partagés par un triglyphe. Cet ornement décore auffi la frife, mais les métopes ne contiennent aucune figure. La grande voûte qui n'a pas affez d'élévation, approche du gothique, mais les ogyves y font diftribuées avec beaucoup d'ordre & de ménagement. Les vitres font dans un enfoncement femblable à une conque renverfée; où les parties latérales font comme fufpendues. La grande faillie de ces berceaux, qui véritablement a beaucoup de hardieffe, mais qui couvre un peu trop les vitres, vient réunir toutes fes arêtes fur les chapiteaux des colonnes, mais en les preffant de maniere que la bafe n'a pas plus de 2 pieds de largeur. Le rond-point, qui a toutes fes proportions, eft éclairé par deux grandes fenêtres.

Les chapelles font quarrées & très-grandes, mais les bas côtés n'embraffent pas le rond-point; ce qui n'eft point un défaut, puifque c'eft la même chofe à S. Pierre de Rome & à S. Paul de Londres, & qu'il n'y a fur cela aucune loi dans l'architecture. Aux nouvelles Eglifes de

Ste. Geneviéve & de Ste. Madeleine de Paris, les petites voûtes ne ceindront point non plus la grande ; cela donne cependant plus de liberté dans une Eglife. Pour avoir une chapelle de la Vierge, on a fait au Havre de Grace, comme l'on fera à la Madeleine de Paris ; on a placé le principal autel à quelque diftance du chevet de l'Eglife, & on l'a fermé de baluftres ; ce qui laiffe affez de place entre le chœur & la chapelle.

Le chœur eft environné d'un double rang de formes d'une belle fculpture, & d'une baluftrade de fer à fleurs d'or. Le fanctuaire eft envelopé de rideaux de damas blanc le long des baluftres fur lefquels s'élevent de grands chandeliers à diftance égale, & chacun eft accompagné de plufieurs autres qui defcendent par dégrés comme au chandelier de l'ancien temple. On voyoit fur l'autel un tabernacle d'une fabrique immenfe & d'une très-noble architecture. On a jugé propos de le placer à la chapelle de la Vierge, qui n'avoit pas befoin de cet ornement. On vouloit avoir un autel à la romaine ; mais on n'avoit pas la faculté d'embellir cet autel par des colonnes ou des fufpenfions magnifiques. Il est donc resté dépouillé de tout ornement. On pourroit, en conservant la vûe du bel autel de la Sainte Vierge, placer sur celui du chœur un ange élevé sur un groupe de marbre vrai ou faux, & qui tiendroit dans ses mains le Saint Ciboire, ou du moins une couronne; ou l'on pourroit y mettre un baldaquin à jour, supporté par des anges ou par des palmiers de 4 à 5 pieds de haut, avec une croix bronzée d'égale hauteur, & six chandeliers semblables. De plus un ange adorateur de chaque côté de l'autel.

L'autel de la Ste. Vierge est magnifique, tant à cause de la grandeur & du prix du tableau de l'Assomption, que de tout le rétable qui couvre le rond-point jusqu'à la voûte. Les colonnes sont torses & ornées de pampres d'un beau travail..... La chaire a des bas reliefs qui méritent d'être vûs; le buffet de l'orgue doit être aussi considéré; le devant de la tribune représente les quatre Evangelistes avec des symboles, d'un ouvrage délicat, & le dessous du jubé forme des compartimens ornés de roses & de figures.

Les sépultures remarquables pour le

deſſein, ſont celle d'un Evêque dans la chapelle de l'Annonciation, celle des Raulins, & celle de M, Fleurigant dans la chapelle de la Madeleine. Cette derniere eſt de marbre bien conſervé. Nous allons tranſcrire l'épitaphe qui contient des circonſtances eſſentielles à cette égliſe.

Dne

Veniant mihi miſerationes tuæ, & vivam.

En cette chapelle giſt le corps
de noble homme Meſſire Loys
Fleurigant, de ſon vivant conſeil-
ler du Roi & Lieutenant particulier
en la vicomté de Montivillers, par le
ſoin & diligence duquel étant tréſorier
de cette égliſe en l'année 1605, les autels d'icelle
ont été bénis par M. l'Evêque de Damas,
& le plus grand revenu du tréſor de céans
provenant du ſel omôné auparavant
incertain & caſuel, rendu plus c r &
plus aſſûré ſous la faveur de M. le
Marquis de Villars, gouverneur de cette
ville, & durant le tems de ſa charge de
tréſorier, fait reſtaurer & conſtruire une
bonne partie de ce bâtiment & notam-

ment de cette chapelle en laquelle il a
élû la sépulture de lui & des siens.
Il décéda le troisiéme jour d'Octobre 1617.

Dieu lui fasse misericorde.

L'Eglise de Notre-Dame s'annonce
très-bien au-dehors. Les chapelles son
partagées par des arcs-boutans qui von
toucher la muraille dans l'intervalle de
fenêtres, & au-dessus s'élevent des pyra
mides qui semblent couronner ce gran
bâtiment, qu'environne une balustrad
de pierres à claire-voye. On y a sculpt
du côté du nord les premieres parole
du *Pater*. Les portes latérales de cett
Eglise ont la même hauteur que le gran
portail. Le dessein en est assez régulier
& présente différens ornemens d'archi
tecture. Mais pour ne point ennuyer dan
cette description, je m'arrête à la princ
pale entrée.

Le grand portail.

Le grand portail est composé de deu
ordres d'architecture, & contient dou
colonnes sans les pilastres. Le premi
ordre a beaucoup de largeur, mais
secon

second diminue & se rétrécit comme celui de Saint Roch, ou celui de Sorbonne. Les colonnes de l'ordre ïonique à ce portail ont le fût environné de larges bandes cannelées, & sont appareillées avec des pilastres de même figure. Le second ordre a quatre colonnes, & dans l'entre-colonnement de tout l'édifice, on voit des niches sans statues. Le milieu du second ordre est coupé par une grande fenêtre plus longue que large, qui forme une rose à sa partie supérieure. Cet ordre, qui n'est point achevé, doit être corinthien, comme on le voit aux modillons de la corniche. Les chapiteaux des colonnes sont tout bruts & dévorés par le tems. Ce portail qui a été fini précipitamment, n'a point de fronton, il est terminé par une plate-forme.

Au-dessus de la grande porte dans un demi-cercle enfoncé, l'on voit une statue de la Sainte Vierge, environnée de quatre anges qui ont des palmes à la main. On lit autour du ceintre de cette grande décoration, cette inscription latine (*spes publica, errantium salus.*) Au-dessus des petites portes on voit de anges en demi-relief, & des sculptures très-bien finies. Le portail est séparé de la rue par un parvis que ferment des bornes.

Si l'on avoit à Paris un édifice aussi-bien commencé, on souhaiteroit de pouvoir le finir, & je ne crois pas, s'il étoit achevé, qu'on en vît ailleurs de plus remarquable. Il seroit à souhaiter que les Magistrats de cette ville qui l'ont ornée depuis peu de plusieurs bâti-mens, eussent quelqu'émulation au sujet de ce portail. On l'acheveroit à peu de frais. Il s'agiroit seulement de renouveller les chapiteaux des colonnes, réparer l'en-tablement, & couronner l'ouvrage par un fronton, dont le tympan représente-roit l'écusson de France. Je pense même, sans vouloir blesser personne, que la fabrique est obligée de finir ce portail sur les 1200 liv. de rente que Henri le Grand accorda à cette église pour sa construction & son entretien.

L'église de Notre-Dame est dégagée de tout autre édifice, & close par des cimetieres, dans l'un desquels est la tour du clocher auprès du portail. C'est un quarré fort large & fort simple où l'on a élevé une lanterne sur une espece de grand cône de plomb, dont cette lanterne coupe la pointe. Rien n'est si charmant que la multitude & la variété des objets qu'on découvre de-là sur le port & la mer, la ville & la campagne. L'intérieur de ce cône est occupé par une charpente qui couvre la tour, & l'on parvient à la lanterne par une montée de bois qui tourne sur un pivot d'une façon singuliere. L'escalier de la tour est de pierres, en ligne spirale, depuis le haut jusqu'au bas, de sorte que par le noyau on voit les personnes qui sont à la premiere marche.

Les Chantres de l'église du Havre, qui sont appellés *Choristes*, ne sont point en titre permanent, & il seroit à souhaiter que quelque personne fondât du moins une demie pension pour six enfans de chœur qu'on éleveroit de la maniere qui convient à cette grande église. J'ai vû souvent les étrangers désirer cet arrangement.

Saint François, les Capucins, les Ursulines.

Saint François est la seconde église du Havre. Elle est grande & fort, bien décorée. La nef a été ajoutée au chœur avec les chapelles, ce qui fait qu'elle a plus d'élevation. On doit remarquer le rétable du grand autel, & les orgues. Les Convents de Capucins & d'Urfulines font très-bien entretenus; il faut s'arrêter un peu aux chapelles du féminaire & de l'arcenal.

Chapelle du féminaire.

La chapelle du féminaire ou de la communauté des Prêtres, a trois autels dont le principal qui eft orné d'une ftatue de la Vierge, toute dorée, au milieu de fix colonnes de l'ordre compofite, eft au fond d'un petit fanctuaire. La dédicace de cet autel eft écrite fur une banderolle du couronnement en cette forte. (*Deo, Deiparæ, divoque Carolo.*) On pourroit critiquer cette infcription pour les mêmes raifons qui font improuver celle du frontifpice du Val-de-Grace : (*Jefu nafcenti, Virginique Matri.*) L'autel qui fe trouve au côté de l'évangile, eft fous l'invocation de Saint Charles Borromée, fondateur des féminaires ; & le troifiéme du côté de l'épître, eft encore fous le nom de la Sainte Vierge. On y voit une image

de la Mere de Dieu, peinte à frefque fur
la muraille, en or & en azur, fous une
petite coupole dorée, au milieu de laquelle on a pratiqué une fenêtre qui réfléchit le jour dans cette efpece de
paradis, & anime confidérablement l'éclat
de cette peinture. Ce bel ouvrage eft
d'un enfant de la ville, (M. Hantier,
dont on a parlé ci-deffus) qui a fait mettre une glace au-devant, pour le garantir.
Le même a peint dans le ciel du dôme de
cette chapelle un Chrift en croix qui
paroit détaché comme s'il étoit debout.
Cet ouvrage de perfpective qui fut l'effai
de fon Auteur, eft d'une grande beauté.
Les murs de la chapelle font enduits de
plâtre, où l'on a repréfenté différens
emblêmes de religion.

Chapelle de l'arcenal.

La chapelle de l'arcenal ou de la
marine, eft dorée partout, & même à
la voûte. On y voit plufieurs grands tableaux, avec de belles bordures, & les
armes d'Amiral y font gravées en plufieurs endroits. Les Officiers y enten-
dent la Meffe dans une tribune également riche,.... Les chapelles de l'hôtel

de ville & de la prison, les églises des
Pénitens & de l'hôpital ne m'arrêteront
point. Je passe aux bâtimens publics,
l'hôtel de ville, l'hôtel du Commandant,
le prétoire, la douane ou romaine, la
manufacture de tabac, les casernes de
soldats, la porte d'Ingoville.

Édifices publics.

L'hôtel de ville occupe le côté du
nord sur la place d'armes, & regarde
la mer & la riviere. Il contient plusieurs appartemens de différentes grandeurs, ornés de lustres, de glaces, & de
tapisseries de hautelice à personnages.
On remarque surtout la salle des assemblées, où l'on voit un abregé de l'histoire
de Louis le Grand, peinte sur les murailles. Cet hôtel a deux cours, une sur la
rue d'Estimauville, où il a aussi des appartemens ; & l'autre sur la place d'armes ;
c'est la grande cour qui a plusieurs citernes pour fournir de l'eau pendant un tems
considérable, quand les fontaines viennent
à manquer. Elle est environnée d'une
galerie où l'on se promene, & fermée
par une grille de fer où l'on voit les
armes de France entre deux dauphins. Le

revers de cet écuſſon offre les armes de la ville, où la ſalamandre eſt couronnée de même qu'au ſommet de l'édifice qui eſt écraſé, & qui n'a point de frontiſpice qui ſoit convenable.

La maiſon du Gouverneur, ou ſi l'on veut, du Commandant, eſt ſituée dans la gorge du baſtion de Saint-André, en belle vûe. Elle eſt bâtie comme un des beaux hôtels qu'on voit à Paris, avec des cours & de l'emplacement le long de la muraille.... Le prétoire occupe tout un côté de la place du marché, & ſe préſente très-bien à ceux qui y arrivent. Ce bâtiment a de belles ſalles, de grands appartemens, & une horloge ſur le comble... la romaine a été conſtruite aux dépens des ſermes. Elle eſt d'une architecture noble & réguliere, qui orne le grand quai du côté de la pointe, c'eſt-à-dire, vers le détour que fait la mer pour aller au baſſin. Elle a ſes cours & ſes appartemens nombreux.... Le bâti-ment de manufacture eſt auſſi très-beau; il forme un quarré ſpacieux, fait de briques blanches, avec des bordures de pierres de taille. On y trouve pluſieurs cours ſur leſquelles regnent les divers appartemens qui font néceffaires à cette manufacture. La principale face a trois frontons, & la porte du milieu qui eft d'une hauteur exceffive, préfente plufieurs ornemens d'architecture qui ont de la nobleffe … les cafernes font réguliferes, mais fans ornement, quoiqu'elles ayent coûté beaucoup. Elles forment deux grandes aîles fur une cour où les foldats de marine faifoient leurs exercices. On y loge actuellement des troupes en quartier d'hiver.

La porte d'Ingoville.

Il faut diftinguer le milieu & les deux tours qui l'accompagnent. Cet ouvrage ainfi compofé, paffe, avec raifon, pour une des plus belles entrées de ville qu'il y ait en Europe. Les deux tours de briques rouges avec des chaînes de pierres ont plus de hauteur à proportion que de circonférence, & elles ont au-deffus des embrafures un . toit d'ardoife, dont la pointe foutient une fleur-de-lys. Le corps de la porte qui tient le milieu, n'eft point baigné de l'eau du foffé comme les deux tours, il a fa bafe fur le pont ; ce qui rend cet afpect très-agréable ;

&

& il est enrichi de bas-reliefs, d'ha-
billemens de guerre, & de trophées.
On voit à la partie supérieure l'écusson de
France détaché du fond, avec des accom-
pagnemens, entr'autres de deux belles
statues qui s'appuyent sur le côté pour
regarder ces armes. (La seine à droite,
& l'océan à gauche.) On voit en bas,
au-dessus de l'entrée, les armes du Cardinal de Richelieu, qui fit construire ce
célébre monument qui _est de l'ordre
dorique. Après avoir passé un réduit
couvert, on trouve une cour quarrée ;
où regne une large galerie vis-à-vis des
appartemens dont les faces sont ornées de différentes armures ; la partie
basse forme des corps de garde & des
magasins.

Du côté de la ville cette porte a deux
colonnes ioniques avec une frise bien
sculptée. On y remarque encore aux
deux extrémités deux petites tours qui
en s'élevant s'écartent de plus en plus de
leur base, & paroissent comme suspen-
dues. Au milieu de cette face, on a posé
un grand cadran, qu'on apperçoit en
mer, quand on est à peu près dans la
ligne de cette porte, qui a la singularité

Z

de se présenter toujours en face, de quelque côté qu'on y arrive de la campagne. Il faut convenir pourtant qu'elle se présente mieux du côté de Ste. Adresse, qui est plus direct au mur de la ville.

Le port.

En général, tout port de mer ou de riviere, est port d'entrée, ou port de marée & de barre. S'il est port d'entrée, les vaisseaux y peuvent aborder en tout tems ; s'il est port de marée, il faut attendre qu'elle y revienne. Le port du Havre de Grace se vuide au départ de la marée, & il ne reste que peu d'eau dans le canal, il est donc un port de marée & de barre. Parmi les ports il y en a de choix où l'on bâtit & entretient les flottes qui font la sûreté & la force des Etats ; car l'expérience a fait voir que la puissance qu'on a sur mer, vaut beaucoup mieux que celle qu'on a sur terre, pour former & conserver un grand Empire. Les Grecs, les Carthaginois, & les Romains, ont établi la grandeur de leurs Etats par de nombreuses flottes : le Portugal n'est devenu puissant que par la navigation ; la République

e Gênes s'est accrue par le même moïen ;
& l'Angleterre & la Hollande sont moins
considérables par l'étendue de leurs terres, que par la multitude de leurs vaisseaux. Quel essor n'a pas pris la France
aux yeux de l'Univers, depuis qu'elle a
avec tant de succès cultivé la marine, à
l'exemple des anciens Gaulois, autrefois
si redoutables sur les deux mers de notre
Empire, à Vannes & à Marseille ? … C'est
pour cela qu'outre les ports destinés à faire
fleurir le commerce, il y en a d'affectés
aux flottes royales pour la gloire & le
salut de l'Etat.

Harfleur fut autrefois le meilleur arsenal de la marine de France, mais l'éloignement de la mer, occasionné par les
bancs de sable, a ruiné cette ville célébre.
Le Havre de Grace fut construit exprès
pour servir de rempart contre l'Angleterre, & pour conserver au Royaume
une des plus belles provinces. François I.
son fondateur, dans la premiere charte
qu'il donne à cette ville, se plaint de ce
qu'il n'a pas dans son Royaume un seul
port en état de tenir ses vaisseaux en sûreté, & il ajoute qu'il veut, que le Havre leur serve de retraite, ainsi qu'à ceux

de ſes Alliés, non-ſeulement pour enrichir l'Etat par ſon commerce, mais
encore les particuliers ſes ſujets. Le Port-
Louis & Rochefort ont été bâtis ſous les
deux derniers regnes, & ces deux ports,
avec Breſt, Dunkerque, & le Havre,
ont été ſous Louis XIV. les arſénaux de
la mer océane.

Le baſſin du Havre de Grace eſt deſtiné
aux vaiſſeaux de guerre qui peuvent y
être toujours à flot. Les magaſins ſont
bien fournis & policés, le port eſt défendu par une excellente citadelle, par
des tours & des fers à cheval, remplis
de canons, les Mariniers ſont connus par
leur adreſſe & leur courage, & le pays
de Caux produit abondamment toutes
ſortes de denrées. Traçons exactement
& ſuccinctement le plan de ce port.

On peut diſtinguer deux ſortes de
ports, eu égard à la figure; ports na-
turels, ports artificiels. On entend ſous
le nom de port naturel une baye, une
anſe, un canal où la mer s'inſinue entre
deux terres ou deux côteaux; de ſorte
que ce ſoit une retraite ſûre pour les
navires ſans aucun travail, & par le ſeul
avantage du lieu. On les appelle autre-

ment havres bruts, c'eſt-à-dire, ſans aucun art. On peut appeller port d'artifice
celui que l'on ouvre dans quelque poſi-
tion favorable, comme peut être un val-
lon, à l'abri de quelque côte, & dont on
détermine la figure par les circonſtances.
On y fait ordinairement des digues,
outre les murailles qui les ceignent.
Preſque tous les ports ſont bâtis ainſi,
& le Havre de Grace qui fut naturel
dans ſon origine, tient actuellement plus
de l'art que de la nature. Ces ports de
quelque ſorte qu'ils ſoient, peuvent être
égaux en utilité, ſi d'ailleurs toutes choſes ſont égales; mais pour la beauté
de l'aſpect, il eſt aiſé de juger que dans
la compoſition d'un port artificiel, l'in-
duſtrie peut ſurpaſſer l'ouvrage de la
nature. On dit que M. de Vauban a
remarqué qu'à peu de frais le Havre de
Grace pourroit devenir un des plus
commodes & des plus beaux ports de
l'Europe; (ſans doute parmi les ports de
marée.) Le port du Havre, dans l'état
où il eſt, peut aiſément contenir trois
cens vaiſſeaux du ſecond rang.

Le bassin du Roi.

La ville est partagée en deux par la partie du canal qui remonte jusqu'au bassin. Ce bassin est le port intérieur séparé du reste. A Brest, c'est la chambre; à Calais, c'est le paradis. Les navires y sont dans une tranquillité parfaite, & rien n'est si agréable que de voir ainsi tant de vaisseaux rassemblés dans le sein d'une ville, de maniere que les mâts se joignent au faîte des maisons. Le bassin du Havre peut contenir à flot une escadre de seize vaisseaux de ligne, ou 25 à 30 vaisseaux d'une moindre grandeur, par le moyen des écluses qui sont à l'entrée dans un réduit fort étroit, de maniere qu'il faut bien prendre les dimensions d'un vaisseau de güerre, pour qu'il n'y demeure pas embarrassé. Ces écluses sont, comme nous avons dit, quatre grosses portes qui s'ouvrent & se ferment sur une plate-forme bien assise, dont nous avons rapporté la fondation. Autour du bassin regne un large quai pour la promenade, où l'on trouve en tout tems des ancres, des boulets, des cables, des mâts, &

autres piéces de vaiſſeaux déſarmés. Il eſt environné de mirailles dans toute ſon étendue, excepté toutefois du côté du port où il n'eſt fermé que par un treillage de fer ſur un mur d'appui, de ſorte que ceux qui traverſent le pont, ont la vûe de tous les navires. On y entre de ce côté-là par deux grandes grilles, & par ſix portes du côté du chantier de conſtruction qui eſt un grand eſpace où l'on peut en même-tems conſtruire trois vaiſſeaux de 60 à 80 piéces d'artillerie.

On trouve à l'extrémité du baſſin, d'un côté trois petites allées d'arbres, & de l'autre un corps-de-garde pour la marine. C'eſt près de-là qu'étoit l'Amiral qui ſeul dans tout le port portoit au grand mât le pavillon François. On ouvroit & fermoit les portes du baſſin à des heures marquées au ſon du tambour & du fifre, de la même façon que les portes de la ville.

L'arſenal & les magaſins.

Sur un des côtés du chantier eſt ſitué l'arſenal. C'eſt un quarré compoſé de magaſins, haut & bas, ſur une cour,

autour de laquelle regne vis-à-vis des
appartemens une galerie. On voit dans
la cour continuellement tous les agrès
nécessaires à une flotte. Dans le bas on
trouve la chapelle dont nous avons
parlé, la sainte-Barbe, où l'on tient l'é-
cole pour le canon, différens bureaux
pour les Officiers, l'attelier des Sculp-
teurs, & diverses salles où l'on conserve
les voiles, les cordages, & autres choses. On voit au-dessus, la chambre du
Conseil pour la marine, celle des mathématiques & du pilotage, celle où l'on
dessine les plans de construction ; enfin
le magasin des armes très-bien fourni &
très-bien entretenu. L'arsenal a deux
entrées, dont la principale est sur la rue à
l'opposite de la premiere..."....De l'autre
côté du chantier de construction, on
trouve l'Hôtel du Trésorier de la marine,
où résidoient les Directeurs de la Compagnie des Indes, & quelques magasins
pour différens usages. Mais ceux où l'on
garde les vivres pour les vaisseaux du
département du Havre, & qui sont les
mêmes que ceux de la Compagnie des
Indes, sont situés hors du bassin contre
le rempart. La tonnellerie de la ma-

rine est dans le bastion de Saint André,
& se joint à la grande corderie ou corderie royale qui regarde la mer. C'est-
là que l'on fabrique ordinairement les
cordages, non-seulement pour les vaisseaux de guerre du département du Havre, mais encore pour ceux de Brest,
& d'ailleurs. Sa longueur va jusqu'à 180
toises. C'est une galerie couverte le long
de la muraille de la ville sur laquelle
elle a une infinité d'ouvertures, ainsi
que du côté de l'esplanade; elle a ses
cours & ses magasins où l'on conserve
les cordages, deux entrées principales
comme celles d'un château, & elle se
termine dans le bastion de Sainte Adresse,
où l'on voit une statue de Louis XIV,
au milieu de plusieurs ornemens d'architecture. La corderie du quartier de Saint
François, qui appartenoit à la Compagnie des Indes, est à présent presqu'inutile. Enfin il y a deux forges apparte-
nantes au Roi, l'une au bastion de la
Musique, & l'autre dans la demi-lune qui
couvre la porte de la ville du côté de la
campagne. Celle-ci est très-belle, & l'on
y voit avec plaisir les fourneaux, les
marteaux, & autres instrumens pour for-
ger & pour battre les ancres.

Le pont tournant.

Le pont qui fert de communication aux deux quartiers, quoiqu'on puiffe aller de l'un à l'autre par-derriere le baffin, a été différent felon les tems. Aujourd'hui il eft compofé de deux parties, dont chacune tourne fur fon pivot des deux côtés du canal, & ces deux parties en fe réuniffant forment fur l'eau une efpece d'arcade, fur laquelle peuvent paffer les plus pefantes voitures. On les fépare pour faire entrer les vaiffeaux dans le baffin.

Les quais du Havre.

A ce pont commence un long efpace deftiné aux alléges ou vaiffeaux de tranfport qui appartiennent aux Négocians de la ville. Au détour qui fe fait à la pointe, le port s'étend à gauche jufqu'à la grande bare qui a fon réfervoir dans un très-beau baffin, & à droite commence le grand quai, qui vient aboutir à la groffe tour où eft l'entrée du Havre. Cette grande ligne du port fe trouve placée vis-à-vis de plufieurs rues dont les maifons la couvrent, mais elle n'eft féparée de la mer, ou fi l'on veut de la riviere, que par une forte muraille, avec un parapet élevé pour amortir les coups de vent de la partie du fud. On appelle cette terraffe la jettée du fud-eft, où font plufieurs éclufes. Les quais font pavés partout de belles pierres jufqu'à certaine diftance, le refte eft de grès, comme dans la ville.

Les tours & les jettées.

A l'extrémité de cette partie qui fait l'entrée du port en fe refferrant, s'élevent les deux tours, dont nous avons fait l'hiftoire. La premiere & la plus remarquable, eft la groffe tour qu'a fait bâtir François I. de glorieufe mémoire, dont on voit la ftatue à cheval au-deffus de la porte. Elle eft précédée de la maifon du Commandant & de deux petits foffés du côté de la ville. Elle a divers appartemens, une belle falle, & des caves très-féches, quoique fondées plus bas que le lit du port. Dans ces caves font deux magafins, un pour l'artillerie de terre, l'autre pour les Armateurs ou Négocians, moyennant la fomme de 20 liv. par vaiffeau. Le Greffier de la ville &

le Maître Canonier, en ont chacun une clef. On voit au haut fur le bord des embrafures le corps de garde des fentinelles, avec bon nombre de canons qui dominent fur la petite rade, & on a, de deffus la terraffe qui la couvre, une vûe immenfe fur la mer & fur les côtes. Comme cette tour eft la gardienne du port, & que le Fondateur y a fa ftatuë, les vaiffeaux en entrant & en fortant, la faluent d'un coup de canon. Vis-à-vis eft la tour du Vidame qui a fervi de phare affez long-tems. C'eft un petit quarré avec fes embrafures, qui ordinairement n'ont point de canon. C'eft à ces deux tours qu'on attache la chaîne, quand on veut fermer le port.

Au-deffous de la tour Vidame la digue fe prolonge encore fort loin, & cette longueur, à la prendre feulement depuis le fer-à-cheval qui tient le port en refpect, eft très-confidérable. De l'autre côté, la jettée du nord, au-deffous de la groffe tour, forme un large quai qui contient de très-bonnes éclufes, après lefquelles la digue continue en s'élevant un peu jufqu'à des barrieres que l'on ferme, pour empêcher qu'on n'ap-

proche de la tour pendant la nuit. Elle
s'étend de-là jufqu'à la mer, en faifant
plufieurs coudes, & c'eft de ce point
principalement qu'on eftime fa longueur
qui doit pafler 160 toifes. Elle peut
avoir trente à trente-cinq pieds de haut,
fur douze à quinze de large, entre les
deux parapets. Il n'y a point de batterie
à l'extrémité, comme ont dit quelques-
uns, on y voit feulement un grand mât
où l'on éleve le pavillon pour avertir
les vaifleaux qui font en mer, du tems
convenable pour entrer. Mais pendant
la nuit, c'eft avec des feux qu'on fait le
fignal.

La mer monte dans le baffin à diverfes
hauteurs, felon les tems ; mais il ne peut
contenir plus de dix-huit pieds d'eau.
Il en entre dans le port Marchand jufqu'à
vingt & vingt-quatre dans les grandes
marées. La mer n'eft pas extrêmement
haute fur les rivages de Normandie &
de Picardie. D'ailleurs, le Havre eft
fitué fort avant dans la Manche, &
comme enfeveli dans le golfe de la Seine.
Les eaux de la mer pour y parvenir, font
plufieurs détours qui les affoibliffent &
les abforbent. C'eft pour cela que l'en-

trée du port de la ville du Havre, est ouverte au sud-ouest, quoique par rapport à la situation de la Manche, la mer descende de l'ouest pour y arriver, parce que le golfe de la Seine étant couvert par les côtes de la basse Normandie, le flux renvoyé par la pointe de Barfleur, a plus de pente vers la côte du sud. Mais le Havre de Grace a un avantage fort considérable au-dessus de tous les autres ports du royaume, qui sont de marée, c'est qu'il conserve son plein pendant plus de quatre heures; desorte qu'on a vû souvent des flottes de 120 voiles & davantage, en sortir & y rentrer en une seule marée, même de vent contraire. C'est que la Seine rase l'entrée du canal, & elle descend avec assez de force, pendant que la mer se retire, pour soutenir les eaux du port qui s'écouleroient plus promptement sans cet obstacle. Pour bien entendre cela, il faut remarquer que le flux de la mer se fait sentir assez brusquement dans la riviere de Seine, parce qu'il est occupé longtems à remplir un profond sinus entre la pointe de Dive & le cap de la Heve. Mais quand il est une fois rempli, la mer plus vigoureuse

refoule la Seine avec une impétuofité
terrible , & communique fon mouvement
jufqu'au pont de l'arche. C'eft ce flot
impétueux , très-dur pour les bateaux ,
qu'on appelle la barre , en terme de marine , lorfque la mer eft environ à moitié
de fa hauteur (a). Or ces eaux qui font
remontées à près de quarante lieues ,
refluent avec la marée & redefcendent
dans le golfe de la Seine. Les vagues
s'amortiffent dans un creux de la jettée
du fud qu'on a pratiqué pour cela , &
les différens détours de la digue du nord ,
affoibliffent de même le trop grand effort
de la marée , qui , lorfqu'elle eft parve-
nue dans le port par une bouche étroite
qui en accélere le mouvement , y refte
long - tems égale & tranquille , parce
qu'elle eft renfermée entre des murailles
qui s'élargiffant peu à peu à mefure
qu'elles s'écartent de l'entrée , lui laif-
fent moins de communication avec les
eaux du dehors. Enfin , les rades du
Havre , quoiqu'expofées aux coups de

(a) Les Pilotes du port qui vont à la découverte , l'appelle la Verhôle , que M. du
Bocage croit être le retour de la marée , qui
vient de la Seine. Erreur.

vent de la bande de l'oueſt, ſont bonnes pour tenir les ancres, les vents incommodes ſont favorables pour arriver au port, & quoique la mer n'y ſoit pas ſi belle qu'elle y étoit autrefois, quand il ſera bien nettoyé & bien entretenu, il ſera toujours très-utile.

Les fortifications du Havre de Grace.

La ville du Havre a une bonne enceinte, flanquée de quatre baſtions, dont deux commandent ſur la mer. Cette enceinte eſt couverte du côté de la campagne par pluſieurs demi-lunes, dont celle qui ſert de premiere entrée à la ville, eſt revêtue de briques avec chaînes de pierres de taille. Elles ſont environnées d'un double foſſé, dans lequel tombent pluſieurs ruiſſeaux qui font des iſles & des marais autour de cette enceinte juſqu'à la citadelle. Il manque à ces foſſés qui ne ſont point aſſez profonds, un chemin couvert pour les défendre. Le côté de la mer eſt beaucoup mieux fortifié. Les foſſés ſont larges & profonds, les chemins couverts, beaux & réguliers. Comme la ligne de défenſe eſt un peu longue, M. de Vauban

a fait faire entre les deux baſtions une
très-grande demi-lune, revêtue de pierres
de taille. Devant la porte du Perré, l'on
trouve une fortification qui a deux faces
avec un ſeul flanc. C'eſt la premiere
porte ou porte avancée. On monte ſur
la terraſſe de cette fortification par deux
eſcaliers, pour conſidérer la mer & les
vaiſſeaux qui ſont ſur la rade. Elle a ſes
barrieres des deux côtés, & ſes ponts-
levis, comme la porte d'Ingoville, du
côté de la campagne. Piganiol de la
Force a remarqué que les fortificatioas
du Havre ſont du Chevalier de Ville :
je diſtingue, La citadelle, l'ouvrage à
cornes, & pluſieurs demi-lunes, ſont du
Chevalier de Ville, cela peut être ; le
Cardinal de Richelieu fit faire ces ouvrages en 1628, & le Chevalier de
Ville étoit âgé de 31 ans en 1627,
comme on voit au bas de ſon portrait
dans ſon livre imprimé en 1640. Cependant dans ce que j'ai lu de cet ouvrage, je n'ai point vû qu'il faſſe mention du Havre, quoiqu'il cite une infinité de places qu'il avoit vûes, ou
fortifiées. Pour ce qui fait proprement
l'enceinte du Havre, il n'en peut être

l'auteur ; comme il eſt évident. Le ſavant Evêque de Metz (Beaucaire) dans ſa relation du ſiége , fait mention de trois baſtions autour de la place comme nous les avons expliqués en leur lieu.

La Citadelle.

La citadelle eſt compoſée de quatre baſtions aigus bâtis de briques à chaînes de pierres de taille , aux gorges deſquels font des bâtimens en voûte. Elle a deux portes d'une belle architecture , une du côté de la ville , que l'on appelle *porte* de *Leure* ou *porte royale ;* l'autre du côté de la campagne , que l'on appelle *porte du Secours* ou *porte Dauphine.* Elles ont chacune leur demi-lune revêtue de la même maniere que les baſtions , les remparts , & une autre demi-lune qui regarde la côte. Celle qui regarde la ville , eſt en pleine terre , les autres font dans les foſſés à fond de cuve très-larges & toujours pleins d'eau. La citadelle a ſes ponts-levis , ſes herſes dans les portes , & ſes barrieres. La place d'armes très-ſpacieuſe eſt environnée d'arbres , & l'on trouve ſur les quatre aîles qui la

bordent, le logis du Gouverneur avec
la chapelle, différens magaſins, & huit
grands corps de caſernes qui forment
des rues du côté des portes. Elles ſont
bâties avec uniformité, & à même hauteur de toiture. Le gouvernement eſt
un grand édifice qui réuniſſoit pluſieurs
ornemens d'architecture, il eſt inhabité
depuis très-long-tems , & actuellement
inhabitable.

La chapelle qui eſt auprès & aſſez bien
ornée , eſt deſſervie par les Capucins ainſi
que celle de la marine. On n'y peut enterrer que le Gouverneur & le Lieutenant
de Roi. Les magaſins d'artillerie dont la
face eſt belle , ſont des mieux fournis
du royaume. Les Curieux ne manquent
point d'y conſidérer la multitude & la
variété , le bel ordre & l'état des différentes armures. On voit ailleurs d'autres eſpeces de munitions. Quoiqu'il y
ait dans la place de la citadelle deux fontaines très-ornées qui jettent l'eau chacune par quatre bouches dans des baſ-
ſins , on y conſerve encore dans des
citernes l'eau de pluye par précaution.
On monte ſur les baſtions par quatre
eſcaliers à l'ouverture des gorges , & de

chaque côté des deux portes on en trouve
de pareils qui conduifent à des plates-
formes de pierres au-deffus de ces portes.
On a de deffus les plates-formes , les
baftions & les remparts qui font plantés
d'ormes dans tout le circuit, des vûes
charmantes fur la mer & fur le port, la
ville & la campagne.

La citadelle a fon chemin couvert bien
régulier qui fe termine aux extrêmités qui
regardent le port., par deux ouvrages
qu'on appelle *fers à cheval* , dont le plus
vafte toujours garni de quantité de canons de bronze, domine tout le port &
le canal ; l'autre qui donne fur le baffin
de la bare , me paroît affez inutile.
Comme le glacis du côté de la mer eft
battu par les flots , il eft armé d'un grill-
lage de charpente dont les chambres font
garnies de moilon. Du côté de la campagne qui avoifine les Capucins, le parapet du chemin couvert , qui n'eft pas
revêtu, eft défendu par une paliffade ,
& le glacis par un avant-.foffé. Enfin
l'on trouve à l'extrêmité du chemin
couvert du côté du baffin de la bare , un
grand baftion obtus & irrégulier , ancien
refte de la premiere citadelle.

LES ENVIRONS DU HAVRE DE GRACE.

La vallée du Havre de Grace n'eſt pas ſtérile & déſerte, deſtinée ſeulement à la pâture des troupeaux; c'eſt un agréable pays, planté d'arbres, chargé de moiſſons, & de maiſons de plaiſance. Les citoyens du Havre ont bâti entre le grand cours & la plaine de Leure, une quantité prodigieuſe de petites habitations qui ont chacune leur jardin, & forment une eſpèce de baſſe-ville à deux pas de la haute. Pour procéder toujours avec méthode, nous allons parler ſucceſſivement d'Ingoville, de la chapelle de Saint-Roch, du chantier ou parc-aux-bois, des corderies, de la chapelle de Sainte Marguerite, de Graville, de Leure, des Neiges & du Hoc, & nous finirons par les articles d'Harfleur & d'Honfleur, qui ſont en commerce avec le Havre.

Ingoville.

Ce village qui eſt actuellement un gros bourg, ne peut pas être d'une fort grande antiquité, attendu que la partie de terrein, qui eſt voiſine du

Havre, est très-moderne. Cependant ;
l'église est située sur une pente qui ne
laisse pas d'avoir de l'étendue, vis-à-vis
de la côte, & qui n'est point un accroisse-
ment de terres, comme j'ai remarqué
au commencement de cet ouvrage. Dès
le milieu du quinziéme siécle, elle avoit
une succursale du nom de la bienheureuse
Marie, dans le territoire du Havre, qui
commençoit à se former. Ce village
n'est point le fauxbourg de la ville, dont
il est séparé par une longue avenue,
& dont il n'a pas les privileges. On n'a
même obtenu de le paver que les années
dernieres. Le Curé du Havre y a son
presbytere, & l'on trouve à l'entrée de
ce bourg le Couvent des Pénitens qui
est très-spacieux, avec plusieurs beaux
jardins & potagers, qui leur sont pro-
fitables.

En traversant ce bourg, on parvient
insensiblement à la montagne d'Ingoville. Les Etrangers ne manquent point
de venir considérer les vûes charmantes
que l'on a sur cette côte. C'est une
vallée florissante couverte d'arbres, de
moissons, & de belles fermes, qui se pré-
sentent à l'œil du Spectateur étonné, une

ville forte dont on apperçoit les rues dans toute leur longueur à mesure qu'on avance, une forêt de navires confondus avec les maisons, un bras de mer compris entre cette vallée & les côtes méridionales, dont la chaîne continue jusqu'à ce qu'elle disparoisse à l'horison, enfin une quantité de vaisseaux qui voguent sur cette mer, les uns pour entrer dans le Havre, les autres pour remonter la Seine. Si l'on avance du côté du nord, le point de vûe se dilate, & la perspective qui change, devient plus grande & plus heureuse. C'est un espace immense de mer, dont la vûe n'atteint point le terme, une suite de côtes vers l'occident, plus éloignées & plus obscures, souvent prises pour des nuages, quand le ciel est couvert; mais si c'est un beau jour, le tableau se déploye, & l'on a tout le spectacle, bizarre & gracieux, des vallons, des montagnes, & des pyramides que les flots paroissent baigner sur les bords de l'horison. Si la mer se retire, on voit la Seine porter majestueusement ses flots dans le sein de l'océan sans les y confondre, ou si c'est le tems où revient la mer, l'océan pé-

nétrer dans le sein de la riviere, & re-
fouler ses eaux. Mais si les vents sont
déchaînés sur la face des ondes, les eaux
se mêlent, & l'on n'entend plus que le
mugissement des vagues qui s'élevent &
qui retombent dans les abîmes.

La chapelle de Saint-Roch.

Cette chapelle située assez près de la
mer, est destinée à servir dans le cas des
maladies contagieuses. La ville acheta
pour cet effet en 1587, deux acres de
terre qu'elle fit fermer d'une muraille.
On y bâtit quelques salles & cette chapelle qui n'est point en titre.

Le chantier.

Le chantier est un grand espace ma-
récageux, qui s'étend depuis la porte
d'Ingoville, jusqu'au bastion de Sainte-
Adresse. Il est garni de toutes les sortes
de bois qui sont nécessaires à la construction des vaisseaux du Roi, tant pour
le Havre, que pour les autres ports de
marine. Il y a un Gardien logé pour
cela, avec des appointemens. Comme ce
chantier est sans couverture, on avoit
pratiqué des fossés le long de cet espace,
afin

afin d'y garder les différentes piéces
de bois ; & pour y retenir l'eau, on
avoit fait une écluse fondée sur pilotis.
Mais quoique tout cela ait coûté beaucoup, l'eau pénétre l'écluse, & le travail
est inutile. Les Marchands ont aussi
leur chantier sur le Perré, & leur bois
y est épars, quoiqu'ils ayent plusieurs
magasins sur cette esplanade. Près de-là,
sur le bord de la mer., il y a en tout
tems une batterie de vingt canons pour
les réjouissances publiques.

Les corderies & les tuileries.

Les corderies pour les Marchands sont
sur le chemin des tuileries du côté de
la montagne. C'est une multitude de
petits hangards, où l'on conserve les
chanvres & les cordages que l'on voit
filer en tout tems le long de ce chemin.
En tems de guerre, on y fait aussi les cordages des vaisseaux du Roi, & alors on
éleve des tentes, pour couvrir ceux qui
travaillent. A la suite des corderies on
trouve les tuileries où l'on fabrique des
carreaux & des tuiles à l'usage des
maisons de la ville, & des environs.

Bb

Banc pétrifié auprès du Havre.

Si l'on veut continuer son petit voyage jusqu'au promontoire de chef de Caux, on trouvera en-deçà un banc pétrifié sur le rivage, à un quart de lieue de la ville. Ce banc peut avoir huit cent toises de longueur jusqu'à la pointe de la Hève ; sur une largeur de trente-cinq à quarante toises, beaucoup moindre en certains endroits. La mer ne se retire jamais assez pour en découvrir toute la surface, & je ne me souviens pas de l'avoir vû plus d'une fois ou deux. Ce banc est plat, légerement incliné vers la mer, & n'a guéres dans ce qu'on en découvre, plus de neuf pouces d'épaisseur. Il est composé d'une pierre noirâtre & dure, portée sur une glaise de même qualité ; mais de moindre consistence, & il est chargé dans toute sa masse d'une prodigieuse quantité de coquillages fossiles, qui presque tous, excepté les huîtres communes, ne se trouvent vivans que dans les mers des Indes. Il contient aussi des cornes d'Ammon en abondance. M. du Bocage nous a donné la description de ce banc,

dans un long mémoire fait exprès pour
cela, & fur la difperfion des coquillages
par toute la terre connue, il expofe une
théorie qui eft la même que celle de
M. Pluche, & qui réunit beaucoup d'i-
dées de celle d'un Auteur encore vivant (B.·.) Mais tous ces jeux d'imagination, autrement tous ces fyftêmes
naturellement incertains & caduques par
bien des endroits, font de grandes vio-
lences au texte de l'Ecriture. On y fuppofe des chofes beaucoup plus étranges
& plus difficiles que celles qu'on croit
trouver dans l'Hiftoire Sainte. On ne
peut difconvenir que le globe que nous
habitons, n'ait éprouvé une révolution
générale. Mais je ne crois pas que par
les forces de la raifon nous en puiffions
découvrir plus de chofes, que ne nous en
apprend Moïfe, qui fans creufer la terre
comme nos Phyficiens, tenoit cette vérité, tant de fiécles avant nous, de la
révélation divine.

Leure.

La paroiffe de ce village eft ancienne,
puifqu'elle appartenoit dès le douziéme
fiécle au Prieuré de Longueville. On

prétend même que dans le siécle suivant, on y voyoit un petit port que le
galet a comblé. Mais il y a apparence
que c'étoit un commencement de la
crique du Havre, qu'on appelloit autrefois la fosse d'Eure, ou de Leure. Le
peuple dit, le village de l'Heure, mais
il paroît qu'on doit dire *de Leure*, (en
latin *lodorum*) selon les anciens titres.
Cependant l'Evêque de Metz (Beaucaire)
& M. de Thou, disent comme le peuple.
(*Cui nomen horæ.*) (Relation du siége.)
Il y a une butte sur le chemin de Leure,
avec un magasin, pour exercer les jeunes
canoniers à tirer au blanc.

Chapelle de Sainte Marguerite.

Au-dessus de l'hôpital très-spacieux &
très-commode dont nous avons parlé,
est une allée d'ormeaux qui vient aboutir
à la ferme de Tournefort où l'on voit les
débris d'une chapelle de Sainte Marguerite. Jacques le Neuf, Procureur du
Roi de toutes les Jurisdictions royales du
Havre de Grace, fonda cette chapelle
dans sa maison de Tournefort, paroisse
de Graville, à la présentation de ceux à
qui cette maison appartiendroit dans la

suite des tems, & l'Archevêque de Rouen approuva cette fondation par lettres du 18.Novembre 1659. Le Fondateur y présenta lui-même le 22 Juillet de l'année suivante. Cette fondation avoit sans doute un revenu déterminé ; mais je ne sçai par quel dérangement d'affaires la maison de Tournefort est aujourd'hui comme abandonnée, les terrasses qui par dégrés composoient un amphithéâtre émaillé de fleurs, tombent en ruines, la chapelle est ouverte aux injures du tems, & ces belles eaux qui formoient des cascades au pied de la côte, se perdent dans la plaine. (a).

Graville.

La mer baignoit autrefois la côte de Graville, c'est-à-dire, un avant-côteau de quelqu'étendue, qui regne vis-à-vis, & forme le village. C'est dans ce territoire sur le bord de la Seine qui se décharge dans la mer aux environs de ce lieu, qu'on trouva le corps de Sainte-

(a) La ville du Havre a fait l'acquisition d'une partie de ces eaux qui descendent au quartier de Saint François par le canal de Trigauville.

Honorine. On ne peut pas dire précisément en quel tems arriva le martyre
de cette vierge ; mais ce ne peut être
plutôt que le troisiéme siécle. Le bre-
viaire de Rouen le place au quatriéme ,
& ce fut peut-être dans quelqu'émotion
populaire , ou sur des ordres particuliers des Gouverneurs de Provinces. On
ne connoît pas mieux le genre de sa
mort. » Ce qu'il y a de certain (dit M.
» Baillet, 27 Fév.) c'est qu'on trouva son
» corps sur les rivages de la Seine .... ,
» soit que ç'ait été au village de Graville ,
» entre Honfleur & le Havre de Grace ,
» soit que ç'ait été à Honfleur , qu'on
» appelloit autrefois *Honofleu*. « Voilà des
paroles perdues , car sur quoi fonder
cette alternative ? c'est embrouiller de
gayeté de cœur une chose très-claire ,
& former des difficultés qui ne sont point
recevables. Il convient qu'on a trouvé
ce corps , & il ne sçait en quel endroit :
n'est-ce pas allier bizarrement le doute
avec la certitude ? » On trouva ce corps,
» dit-il vaguement , sur les rivages de
» la Seine, « comme si on avoit pû le
trouver en même-tems sur la rive droite
& sur la rive gauche ; & il ajoute en-

suite que sur la fin du neuviéme siécle
il fut enlevé de ce lieu, & transporté à
Conflans. De quel lieu ? de Honfleur,
sans doute, qu'il a nommé le dernier dans
son alternative. Dans la topographie des
Saints, article de Conflans, il revient au
premier doute, & dit qu'on y apporta
de Honfleur ou de Graville, le corps de
Sainte-Honorine, Vierge & Martyre,
dont on n'a point de connoissance. Re-
marquez cependant qu'il nomme ici Honfleur en premier lieu, ce qui rompt encore une fois le doute qu'il affecte. Mais
après ces variations, Baillet, dans la seconde partie de sa topographie, ne ba-
lance plus ; & dans l'article de Graville,
où il ne fait aucune mention de la Sainte,
il renvoye à l'article de Honfleur, où il
déclare formellement que Honfleur est
une ville de Normandie au Diocèse de
Lizieux, à la décharge de la Seine, où
s'est trouvé le corps de Sainte-Honorine.
Il ajoute que cette ville est à l'opposite de
Harfleur, ayant au couchant du côté
de Havre de Grace, Graville où l'on
dispute avec Honfleur, de l'honneur
d'avoir possédé la Sainte. Voilà son
dernier sentiment, & même le premier,

dont il faut examiner toutes les parties, non pour le plaisir de réfuter Baillet, qui manque ici de bonne foi, comme il est visible, mais parce que ma patrie auroit lieu de se plaindre, si j'abandonnois un article si important & si facile à gagner.

Cet Auteur prétend deux choses, malgré ses doutes apparens; premierement, qu'on a trouvé le corps de Sainte Honorine à Honfleur; secondement, qu'il a été apporté de ce lieu à l'Eglise de Conflans. Si cela est ainsi, il étoit inutile de nommer Graville tant de fois. Mais sur quoi se fonde-t-il dans cette idée, puisqu'il n'y a point de monument de cette invention, comme il en convient, & qu'on n'en a d'autre que celui de la translation faite au neuviéme siécle? On ne connoît donc Sainte Honorine que par l'histoire de sa translation. Mais, d'où la connoissoit l'Auteur de cette histoire? par une tradition muette, mais vivante, par une voye de fait, si je puis ainsi parler, c'est-à-dire, par la possession immémoriale des reliques de la Sainte, dans quelque Eglise. Or, de quel lieu les avoit-on transfé-

rées ? Baillet avance que c'eſt de Honfleur. Mais l'Auteur du récit de la tranſlation, dit que ce fut du village de Graville. Voilà donc Baillet manifeſtement
oppoſé à cet Auteur qui dit avoir le
témoignage des anciens de Conflans, au
ſujet de ces reliques. Baillet ne l'igno-
roit pas, & cependant il a oſé haſarder
cette oppoſition. Henſchénius & le Pere
Mabillon, ces Auteurs ſi judicieux, n'ont
fait mention que de Graville. Où Baillet
a-t-il donc pris cette fauſſe opinion ?

Si l'on avoit trouvé ce corps du côté
d'Honfleur, on l'auroit ſans doute gar-
dé dans ce pays, & on ne l'auroit pas
tranſporté au - delà de la mer, pour
l'enterrer ſur l'autre rive. Mais ſi on
l'a transféré de Graville, comme il eſt
indubitable, il eſt naturel de penſer qu'on
l'a trouvé dans ce lieu, d'autant plus
que la ville de Honfleur, (a) qui dès-lors
pouvoit être célébre, n'auroit point permis l'enlevement de ce corps ſaint en
faveur de Graville, qui n'étoit pas plus
conſidérable qu'aujourd'hui ; & Baillet

____

(a) Quelques-uns l'ont priſe pour *Juliobona*,
mais ſans aucun fondement, & contre toute
raiſon.

se trompe, quand il dit que ce lieu n'est presque plus rien. Graville est toujours ce qu'il a été, un village très-illustre par la haute antiquité de son église, & par l'invention de ce corps saint dans son territoire. Il a même acquis des titres qu'il n'avoit point, puisqu'il est devenu Marquisat avec haute-justice. Au reste, on ne voit point quel intérêt avoit Baillet à favoriser Honfleur plutôt que Graville, & c'est contre la vraisem-blance & même contre la vérité, qu'il avance dans l'article de Honfleur, qu'à Graville on dispute avec cette ville, de l'honneur d'avoir possédé la Sainte. Ce n'est point à Graville à disputer, puisque ce lieu possédoit les reliques, & pos-sède encore la partie du col, que l'on trouva dans le tombeau après la trahsla-tion, comme en fait foi l'Auteur ano-nyme de son histoire. C'est à Honfleur à disputer cet avantage, si cette ville a des raisons pour cela; mais Baillet ne les a pas connues. Sa méthode n'est donc pas toujours raisonnable, comme le lui ont reproché quelques Savans, qui n'ai-moient pas les fables plus qu'il ne les aimoit : & cet exemple apprend à se défier d'une critique continuelle.

Il eſt donc certain qu'on trouva ces ſaintes reliques, ou plutôt qu'on les recueillit incontinenc après la mort d'Honorine ſur la rive droite de la Seine vers ſon embouchure,& qu'on les enterra au même endroit. Cette certitude eſt atteſtée par la poſſeſſion immémoriale & perpétuelle du corps de la Sainte dans l'Egliſe de Graville, juſqu'à ſa tranſlation à Conflaas au 9ᵉ. ſiécle, & il eſt très vrai-ſemblable qu'elle étoit originaire du pays où elle a ſubi la mort.

Sous le regne de Charles-le-Simple, où les Normands-Danois ravageoient la Neuſtrie, on transfera à Conflans en Vexin le corps de ſainte Honorine. Il ne paroît pas qu'il y eût encore alors de Chanoines réguliers à Graville. L'auteur anonyme de l'hiſtoire de cette tranſlation, qui paroît être un Moine de l'Abbaye du Bec, dit que ce corps fut livré par les mains de Clercs honorables. (*Per manus honoratorum Clericorum.*) Il ne falloit pas que leur Egliſe eût alors grand crédit, puiſqu'à l'imitation de tant d'autres qui avoient auſſi transferé leurs reliques, elle ne répéta point le précieux tréfor qu'elle avoit confié. Peut - être refufa-t'on de le rendre. Quoiqu'il en foit, depuis ce tems on le garde à Con-flans, qui par cette acquifition eft devenu célébre. Dans l'intention d'y perpétuer un culte digne de la Sainte, le Comte de Beaumont-fur-Oife en 1082 donna à l'Abbaye du Bec où préfidoit alors S. Anfelme, l'Eglife de Conflans dont il étoit Seigneur. (a)

Pour confoler les Fideles de Graville de la perte qu'ils avoient faite, l'Anonyme raconte, qu'une Dame riche & pieufe, de la Terre de Graville, ayant voulu tranfporter le tombeau, de la roche où il étoit, dans l'Eglife qu'on avoit élevée au Seigneur, fous le nom de Sainte Honorine, trouva dedans un os du col, avec du fang auffi vermeil que s'il avoit été nouvellement ré-pandu : on le conferva à Graville. Mais, felon ces paroles, le cercueil (*farco-phagus*) ou le tombeau fait d'une pierre, n'auroit point été dans l'Eglife, & on n'ajoute point fi la Dame vint à bout de le transférer. Cependant la tradition

______

(a) Ce n'eft plus maintenant qu'un Prieuré fimple, à la nomination de l'Abbé du Bec.

de Graville , eſt que Sainte Honorine
fut enterrée dans l'Egliſe de ce lieu ,
où l'on voit encore ſon tombeau , &
que cette Egliſe étoit auparavant ſous
l'invocation de Saint Eſtienne ; ce qui
ſuppoſe qu'on ne bâtit pas exprès une
chapelle pour couvrir le ſépulcre. Mais
les paroles de l'Anonyme ne diſent
point poſitivement que cette roche ne
fût pas enfermée dans une Egliſe , &
l'on peut ſuppoſer que cette Egliſe étoit
bâtie ſur une éminence, ce qui revient
au même. Mais cet édifice étant tombé
de vétuſté , ou autrement, par la ſuite
des âges , on en conſtruiſit un autre en
la place du premier , ſous le nom de
Sainte Honorine , & ce ſera là que la
pieuſe Dame aura voulu transférer le ſépulcre.

Au commencement du treiziéme
ſiécle, on appella à Graville des Chanoines du Prieuré de Sainte Barbe-en-
Auge, fondé l'an 1128, & Guillaume
Mallet, Sire de ce lieu , leur donna des
biens pour deſſervir l'Egliſe. C'eſt ce
qu'on appelle maintenant le Prieuré clauſ-
tral de Sainte Honorine de Graville,
dépendant de celui de Sainte Barbe-en,

Auge ; & on diſtingue l'Egliſe Priorale qui contient le tombeau de Sainte Honorine , & où l'on voit de très-beaux tableaux de ſon hiſtoire (inconnue) ; (a) & l'Egliſe Paroiſſiale, qui n'eſt autre choſe que la nef de ce bâtiment , que vraiſemblablement on conſtruiſit alors , & qui doit être le troiſiéme. La tradition de Graville porte que la Paroiſſe de ce lieu s'appelloit autrefois Notre-Dame de la Bruyere ; deſorte que ce Temple devoit être différent de celui de Saint Eſtienne. Il n'y a plus maintenant qu'une ſeule Egliſe fort ancienne , du nom de Sainte Honorine , dont le Prieur eſt auſſi Curé.

Hoſpice des Neiges.

Le petit village des Neiges où les Capucins du Hâvre ont un hoſpice , eſt de la Paroiſſe de Leure dont il porte auſſi le nom. C'étoit ſans doute autrefois un cimetiere public , du moins pour les perſonnes riches , puiſqu'on y a découvert un ſi grand nombre de tombes ,

(a) On n'a point d'autre monument de ſa mémoire , que l'hiſtoire de la tranſlation écrite au douziéme ſiécle.

dont l'une est du commencement du quatorziéme siécle, Car si ce n'avoit été que la sépulture des Seigneurs de ce Fief, qu'on appelloit la Quênée, ces tombeaux auroient été sans doute moins nombreux & plus rassemblés. Quoiqu'il en soit, on y trouve de fameux restes d'anciennes fortifications que les curieux considerent avec plaisir. Outre les vestiges qu'on remarque dans tout le circuit à rez-de-chauffée, on voit du côté de la mer une longue muraille, avec plusieurs tours qui ont encore plus de six à sept pieds de haut, sur cinq à six d'épaisseur. Ces ouvrages sont, comme tous ceux des anciens, d'un mastic indestructible. Ces forts ou châteaux ont été bâtis, sans doute, pour défendre ce rivage contre les courses des Danois, ou dans le tems des guerres du 15e. siécle, où les Anglois s'emparerent de la Province de Normandie. On ne peut douter que les François n'eussent élevé les premiers des fortifications sur le passage d'Harfleur pour en écarter les flottes ennemies; & l'on peut croire que les Anglois, quand ils eurent la possession de cette ville, augmenterent les fortifications qui pouvoient couvrir cette importante frontiere. Au-dessous du petit Leure, vis-à-vis le Prieuré de Graville, est un ancien château de guerre qui servoit aussi sans doute à protéger le canal de la Seine : on y a découvert autrefois des arganaux pour retenir les navires qui s'arrêtoient dans ce passage, lorsque la mer saisissoit de bien près la côte de Graville. Ce château étoit fort peu de chose, mais celui dont on voit les restes au-dessus de Graville, dans un terrein bien uni, devoit être beaucoup plus considérable. C'est le château de Frileuse dont on fait bien des contes au Havre. Il se peut faire, comme on le dit, que les Anglois voyant qu'ils alloient être chassés de la ville d'Harfleur, ensevelirent beaucoup d'effets précieux dans les souterrains du château Frileuse, & y cacherent les richesses qu'ils ne pouvoient emporter. Car il est bien certain que ces Insulaires espéroient revenir dans cette place, ainsi que dans plusieurs autres de la Province ; & l'on prétend qu'ils conservent encore dans les familles des indications pour les endroits où ils ont enfoui une partie de leurs trésors. Toute

Toute la Normandie eſt pleine de châteaux ruinés , qui ſont un témoignage
perpétuel des guerres domeſtiques de ce
Royaume. A demi-lieue de Montivilliers
ou environ, dans une plaine, on trouve
un de ces châteaux, très-bien conſervé,
& auſſi complet que s'il venoit d'être
bâti. Les murailles en ſont très-élevées,
les tours très-belles, & la porte d'entrée
majeſtueuſe & magnifique. Il y a ſi long-
tems que je n'ai vû ce célebre monument,
que je ne puis pas dire ici ſi l'architecture
de cette porte eſt Arabeſque ou réguliere,
mais j'en ai retenu une grande idée ; &
s'il eſt vrai, comme je le crois, que ce
château ſoit au-deſſus d'Harfleur , iſolé
ſur les bords de la Lézarde, on ne peut
douter qu'il ne fût deſtiné à écarter l'ennemi des environs de cette place. Quand
je fus conſidérer cet ancien château, on
me dit qu'il étoit alors un grenier à bled,
& qu'aucun particulier n'en avoit la
jouiſſance.

Le Hoc.

Le Hoc eſt une petite colline à la
pointe d'une langue de terre qui s'avance
dans la riviere au-deſſous de Harfleur.

C c

C'eſt-là que la Lézarde entre dans la Seine. Cette ancienne habitation, où l'on a élevé un vaſte magaſin à la place de quelques cabanes, eſt devenu le Lazaret, c'eſt-à-dire, le lieu où les vaiſſeaux qui arriveroient au Havre, ſoupçonnés de contagion, déchargeroient leurs marchandiſes, & feroient la quarantaine. On y a même bâti une chapelle de pierres de taille, d'un aſſez bon goût. Mais tout cela ne peut ſervir de rien, tant qu'il n'y aura pas d'eau dans la crique, & que les vaiſſeaux y ſeront expoſés à tous les vents. On y voyoit autrefois un quai de pierres de taille, où l'on avoit attaché de diſtance en diſtance de gros anneaux de fer pour retenir les vaiſſeaux : mais il eſt aujourd'hui bien avant ſous le ſable, deſorte qu'on eſt obligé d'envoyer à la Hogue les vaiſſeaux ſoupçonnés de mauvais air : c'eſt-à-dire, que la grande dépenſe qu'on a faite au Hoc, ſera toujours inutile, tant qu'on ne creuſera pas la crique, & qu'on ne la couvrira pas de quelque mur contre les vents & les orages. La mer en s'éloignant d'Harfleur, a quitté cette foſſe, qui n'eſt plus qu'une plage;

& ce mouillage autrefois si excellent ,
est maintenant gâté par les sables mouvans que charie la riviere , desorte
qu'après le malheur du vaisseau le Rouen,
qu'on a vû périr auprès de cette retraite,
il n'y a plus de sûreté dans ce passage.

Harfleur.

Cette ville si célebre est de la plus
hauté antiquité , & on ne trouve nulle
part des connoissances ou même des conjectures sur son origine. J'ai souvent
cherché à y découvrir quelque monument semblable à ceux qu'on trouve dans
plusieurs villes des Gaules, & je n'ai rien
trouvé de mémorable que cette chaussée
pavée de pierres & bordée d'arbres des
deux côtés , qui conduit l'espace de plus
de quatre lieues de Harfleur à Lillebonne. On l'appelle la chaussée de César,
& il est certain qu'une communication
de cette dépense , ne pouvoit être faite
que pour deux villes également célebres.
Il ne paroît point qu'il y ait eû de château
fort à la ville de Harfleur: du reste elle
étoit suffisamment défendue, puisqu'elle
avoit des fortifications très-régulieres , &
qu'elle étoit environnée de plusieurs châ-

teaux de guerre, comme ceux du petit Leure, celui de l'Orcher, celui de Graville, celui de Frileufe, &c. Mais je ne fçai fi la proximité de tous ces châteaux n'étoit pas plus nuifible à Harfleur, que profitable.

Cette ville a foutenu plufieurs fiéges mémorables. Henri V. Roi d'Angleterre affiéga Harfleur l'an 1415, & il ne la prit qu'après une vigoureufe réfiftance. Il en fit fortir 8000 perfonnes le bâton blanc à la main, & la repeupla entierement d'Anglois. L'an 1433, les Habitans du pays de Caux la reprirent d'affaut fur ceux-ci, & l'an 1440 les Anglois la raffiégerent : elle leur réfifta durant quatre mois avant que de capituler ; & enfin le Roi Charles VII. la reprit l'an 1450. On y a entretenu pendant plufieurs fiécles des galeres qui ont toujours fait l'honneur des combats où elles fe font trouvées. Il y avoit dans ce port deux grands baffins pour les vaiffeaux, vingt belles tours, outre les portes, les baftions, & le foffé qui paffoit pour être un des plus beaux qu'on eût en France. L'Eglife paroiffiale fous le nom de S. Ma tin, eft d'un gothique très-délicat, mais elle n'eft pas achevée,

& ne le fera jamais. La tour foutient
une fléche de pierres très-haute & très-
bien proportionnée, qui fe préfente fur
la mer avec beaucoup de grace, & qui
femble fuivre les vaiffeaux qui navigent
dans ce canal. Mais cette ville eft en-
tourée de montagnes qui la commandent,
dans un détroit couvert par ces montagnes, & trop éloignée pour qu'elle
puiffe préferver la côte de la defcente
des ennemis. Ce qui a ruiné cette place,
eft la retraite de la mer qui s'en eft écar-
tée peu à peu jufqu'à la diftance d'une
grande lieue.

Les chartes de Harfleur ayant été
pillées & brûlées par les Anglois, Charles
IX. à la priere des Habitans, en octroya
de nouvelles en 1568, qui confirmoient
tous les priviléges, & donnoient le franc
falé, avec l'exemption des gabelles ;
tous les Rois fuivans, & même Louis
XIV. confirmerent ces graces; enforte
qu'il y a grenier à fel de franchife, mairie,
& juftice royale. Mais en 1710 la ville
fut impofée à la taille, ce qui en fit fortir
plus de cent familles. Elle n'a pû fe relever de ce dernier défaftre qui a achevé
de tout perdre.

Son port est maintenant une prairie (*a*), & on en distingue encore parfaitement l'enceinte dont tous les fondemens subsistent : ensorte que cette ville qui fut autrefois l'arsenal de la marine & la clef de ce royaume, que les Seigneurs & les Dames d'Angleterre venoient voir par curiosité, & qui vit tant de fois les vaisseaux de cette isle s'arranger devant ses tours pour les battre, n'a plus de splendeur que dans l'histoire, & ne présente plus à l'œil étonné qui la cherche, qu'un port comblé où paissent les troupeaux, des maisons chancelantes & presque abandonnées, des murs foudroyés & des ruines immenses.

Honfleur.

La ville d'Honfleur qu'on apperçoit du Havre, est située en haute Normandie, entre la côte Vassal & la côte de Grace, à 49 dégrés 27 minutes de latitude septentrionale. La forme de cette place qui est du domaine de Monseigneur le Duc d'Orléans, est irréguliere. Son antiquité

(*a*) La Lésarde qui traverse cette prairie, conduit encore des bateaux jusqu'au milieu de la ville.

se perd dans un éloignement inconnu , & l'on prétend qu'elle est du tems de Jules-Céfar, dans les commentaires duquel cependant elle n'est pas nommée. Elle étoit alors une frontiere comme la ville d'Harfleur , vis-à-vis de laquelle elle est située, & l'on peut dire qu'elle étoit son émule , étant obligée comme elle à garder le passage de la Seine dont elle occupe la rive gauche. Elle étoit bien fermée & fortifiée, ainsi qu'il paroît par les vestiges. Elle avoit deux portes , dont celle de Rouen avoit deux bastions , & celle de Caën n'en avoit qu'un. La premiere fut démolie environ l'an 1684 pour augmenter le bassin , & pour faire dans les fossés de la ville une retenue des eaux de la mer; ensorte qu'il ne reste à cette ville du côté du port, que la porte de Caën avec son bastion ,& deux tours, l'une ronde, & l'autre quarrée ; & qu'elle n'est fermée que par des barrieres du côté des fauxbourgs ; car du côté de la Seine la ville est fermée par une muraille que battent les flots vis-à-vis du gouvernement, & encore plus loin. On serre les poudres dans la tour ronde , & entre celle-ci & la tour quarrée, est le gouvernement le long de la riviere, avec trois magasins que le Roi fit construire en 1672 pour les sels qu'on y dépose. Le logement du Lieutenant de Roi est sur la porte.

Le port partage l'ancienne ville & la nouvelle qui ne fait corps avec la premiere que par le moyen du pont qui communique aux deux parties. Huit grandes rues aboutissent au bassin, & une partie de ces mêmes s'éleve sur le penchant d'une côte qui commande la ville. Les autres sont dans un terrein assez uni du côté de la mer qui bat les terrasses des maisons de la grande rue, & la muraille du château. Il y a cinq places ou carrefours à Honfleur, dont la place d'armes est la plus grande. Elle est devant le gouvernement & devant la maison de ville qui a une horloge. On arrive à cette place qui se termine au bassin, par le pont de communication étendu sur le port ; mais cette place étoit sans doute remplie de maisons, lorsque les deux fauxbourgs n'étoient pas formés. La seconde place est celle de la grande fontaine qui donne sur le port, & où l'on débite le poisson & les légumes. Il y a

aussi

auffi plufieurs fontaines à quatre jets , dont la plus belle eft fur la place du port.

Les quatre paroiffes, de Notre-Dame, de Saint Etienne, de Sainte Catherine, & de Saint Léonard, font deffervies par deux Curés, & chacune a fa fabrique. Les deux premieres font dans la ville & beaucoup plus anciennes que les deux autres. Il y a de plus un Couvent de Capucins, un de Religieufes de la Congrégation de Notre-Dame, & un de Religieufes Hofpitalieres qui fervent les pauvres & les malades de l'Hôpital, auquel fut réuni l'Hôtel-Dieu en 1687. Les Capucins ont une chapelle de grande dévotion fur la côte de Grace , d'où l'on a fur la mer & les côtes oppofées une vuë magnifique.

Honfleur avoit autrefois de beaux priviléges, aujourd'hui le tarif lui tient lieu de taille , mais on lui a redonné le franc falé qu'il avoit perdu. Le corps de ville eft compofé d'un Maire, de quatre Echevins, & de quatre Confeillers qui font nommés par le Duc d'Orléans; ils n'ont aucune Jurifdiction contentieufe, pas même la Police qui appartient au

D d

Vicomte. Les Bourgeois font fujets au
guet & à la garde des côtes fous le commandement du Gouverneur & du Lieutenant de Roi. Il y a deux Jurifdictions
de Vicomté, l'une d'Auge, l'autre de
Roncheville, réunies enfemble en l'année
1720; elles appartiennent au Duc d'Orléans, mais elles dépendent du Parlement
de la Province. Il y a de plus Amirauté,
Grenier à fel, & Traites foraines. M. le
Duc d'Orléans nomme aux charges de
l'Etat major, & ce gouvernement qui
étoit autrefois confidérable, comprend
auffi Pont-l'Evêque, & le pays d'Auge.

La marée monte à huit ou dix pieds
ordinairement dans le baffin qui a des
portes, & qui peut contenir trente
moyens vaiffeaux. Il y a plufieurs éclufes
pour le nettoyer par le moyen de la
retenuë où tombe la petite riviere appellée Morelle. De plus il eft facile d'a-
border en ce port; on y entre & on en
fort des mêmes vents, & l'on mouille
devant la ville, mais il faut craindre le
changement des bancs de fable. Le baffin
eft précédé par un avant port où les
vaiffeaux attendent la marée. Ce paffage
qui avoit été beaucoup endommagé par

les vafes qui s'y étoient accumulées, eft nettoyé maintenant, & l'on va reprendre à l'extrêmité de la ville les travaux du Havre neuf, qui étant achevé, rendra le port d'Honfleur, auquel il fera joint, beaucoup plus fpacieux & plus commode. Je ne vois pas en quoi confiftoit ce port, avant qu'on eût fait conftruire le baffin; mais il faut dire, comme je l'ai marqué, qu'il fut feulement agrandi aux dépens de l'ancienne ville, dont la muraille entoure le baffin du côté des fauxbourgs, & foutient des maifons extrêmement gothiques que l'on doit abattre. Quand cela fera fait, & qu'on aura prolongé la jettée, l'afpect du port d'Honfleur deviendra plus agréable, & fon commerce toujours plus fameux.

Ses Habitans ont acquis beaucoup de réputation dans leurs voyages de long cours, depuis la découverte des Indes. C'eft de ce lieu qu'étoit parti Chinot Paulmier, gentilhomme des environs, qui a fait le premier en 1503 la découverte des terres auftrales. Charles VII. reprit Honfleur en 1450, après un fiége de deux femaines, & l'on fit dans ce port en 1545 une partie de l'armement qui

fut achevé au Havre de Grace; de maniere que cette ville s'est mieux con-
servée que celle d'Harfleur, & après
plus de dix-huit cens ans de durée, tient
encore un Havre accessible aux vaisseaux,
& produit à l'Etat des sommes considérables.

FIN.

ERRATA.

Pag. 1 de la Préface, lig. 7, agéable, lisez
agréable.

Pag. 89, lig. 26, lisez, convient de plus
avec Beaucaire, que le Connétable ne vint au
camp, &c.

Pag. 100, lig. derniere de la Note, adamentinæ, lisez adamantinæ.

Pag. 110, lig. 21, ils conspirerent de nouveau, ajoutez & convinrent.

Pag. 111, lig. 26, de Ressent, lisez de Ras-
sent.

Pag. 151, lig. 26, l'affligeoit, ajoutez sen-
siblement.